新・明治の革命

自由民権運動

三浦　進

［第三版］

同時代社

はじめに

もう今から三十年も前になるが、『自由民権百年全国集会』が、一九八一年、一九八四年、一九八七年と三回にわたって開催された。私の横浜市立大学と法政大学大学院時代の恩師 故遠山茂樹先生が実行委員長だった。一九八四年の第二回全国集会を前に、私は栃木の塚田昌宏氏と共著で『加波山事件研究』を刊行し、それをもとに集会報告を行った。遠山茂樹先生は、『加波山事件研究』に「はしがき」までお寄せ下さった。今となっては懐かしい若き日の思い出である。

その後の私の自由民権運動研究は、二〇一二年の『明治の革命』刊行から、二〇一七年の『明治の革命』［増補版］刊行までは、加波山事件と自由党解党の解明を焦点にしての、平野義太郎氏以来の自由民権運動研究の通説に対しての、アンチテーゼの提出であった。この『新・明治の革命』では、服部之總氏や遠山茂樹先生の諸研究に学びながら、従来の自由民権運動研究の通説を「止揚」する、ジンテーゼの提出を目指している。

自由民権運動の出発と高揚から、その終焉と社会主義運動への継承までの、筋の通った政治史が描けているかどうか。忌憚のないご批判をいただきたい。

二〇一八年七月一四日

三浦　進

目次

第二章　自由民権運動の高揚　57

第三章　福島事件　117

第四章　加波山事件　159

第五章　明治の革命　249

第一章

自由民権運動の出発

戊辰《ぼしん》戦争のなかで――板垣退助・片岡健吉・河野広中のトリオの原形

自由民権運動の始まりといえば、一八七三（明治六）年の西郷隆盛・板垣退助らの征韓論の敗北による下野、翌七四（明治七）年の板垣らの「民撰議院設立建白書」の提出、それに出発点をおいて論じられることが多い。しかし事はそんな底の浅いものではない。

外崎光広の『土佐の自由民権』（高知市民図書館刊）は、一八七一（明治四）年七月から七三（明治六）年三月までの土佐の片岡健吉のイギリス留学からその叙述を始める。ロンドンで、片岡は同じく留学中の馬場辰猪・古沢迂郎らと交わって、その影響を受けて自由民権思想に目覚めたというのである。外崎はこう記す。

「ロンドン滞在中の片岡は古沢迂郎ともひん繁に往来していたのだが、後述するように古沢は自由民権運動の出発点になった『民撰議院設立建白書』を起草し、馬場は結成時の自由党常議員の要職に就き、片岡は立志社の創立から終始自由民権運動の先頭に立った。このことからロンドンが土佐自由民権運動の温床だったということができよう」、と。

たしかに、片岡健吉と板垣退助は切っても切れない関係にある。それは戊辰《ぼしん》戦争のなかで生まれた。土佐藩は、板垣の武力倒幕論と実質上の藩主である山内容堂の大政奉還論が対立し、一八六八（慶応四）年の戊辰戦争における鳥羽・伏見の戦いへの参戦は遅れた。しかし、一月八日、官軍の有利を見て土佐も官軍側に立って参戦することを決し、板垣を総司令官である大隊司令、片岡健吉を副司令として派遣した。鳥羽・伏見には遅れて参戦した土佐藩だが、官軍の江戸進撃には、東海道・東山道・北陸道の三方面軍のうち、板垣は東山道方面軍の実質上の司令官である参謀の任に就いた。さらに奥羽越列藩同盟による官軍への抵抗に際しては、西郷隆盛の委嘱をうけ、やはり板垣が参謀となり、会津攻めなど奥州を転戦し、九月二二日、これを平定した。この間ずっと、片岡健吉は板垣の副官・「右腕」であり続けたのである。（三好徹『板垣退助』参照）

片岡健吉は、イギリスからの帰国後、海軍中佐に任じられるが、一八七三（明治六）年、征韓論争による板垣の下野に呼応してその職を捨て、板垣とともに土佐に帰る。そして、翌七四（明治七）年、最初の民権政社「立志社」の設立にあたっては、板垣の意を受けて、その社長に就任している。その後の自由民権運動においても、本書で後々みていくように、片岡は常に板垣とその行動をともにしている。こうした板垣と片岡の密接な関係をみれば、イギリス帰りの片岡が板垣に影響を与えたという外崎の設定も十分うなづけるものである。しかし、板垣の側に、その主体性が全くなかったといえばそれは正しくないだろう。

一九一〇（明治四三）年刊行の『自由党史』（岩波文庫に復刊）は、板垣退助自身による監修。しかも自由民権運動の高揚期からはるかに年を隔てての刊行ということで、その史料的価値を疑う向きもある。しかし、あらためてそれをひもとく時、引用史料には明白にその出典を記したものが多く、史料批判を加えれば極めて貴重な史料であることを確信する。以下、それも用いながら考察していきたい。

一八六八（明治一）年の板垣の会津攻めに関してである。『自由党史』はこう記す。

「板垣退助の会津滅亡の感」の小見出しで、「夫《か》の会津が天下の雄藩を以て称せらるゝに拘《かかわ》らず、其《その》滅ぶるに方《あた》って国に殉《じゅん》ずる者、僅《わず》かに五千の士族に過ぎずして、農工商の庶民は皆な荷擔《かたん》して逃避《とうひ》せし状《さま》を目撃し、深く感ずる所あり。…蓋《けだ》し上下隔離《かくり》互に其楽《たのしみ》を倶《とも》にせざるが為なり」、と。

続いて「自由主義の神髄」の小見出しで、「故に今より後《の》ち断然階級の制《せい》を解《と》き、士族の権利を専《もっぱ》らにするを止《や》めて、四民斉《ひと》しく倶《とも》に護国の務に任じ、互に喜戚憂楽《きせきゆうらく》を倶《とも》にするの端《たん》を啓《ひら》かざる可からず」、と。

そして続けて「自由平等の宣言」の小見出しを付け、以下のように叙述する。『土佐藩政録』という出典と、「明治三年（一八七〇）庚午《こうご》十一月」と時日を明記し、「」で括った信憑性のある史料である。

その結びは、「畢竟《ひっきょう》民の富強は即ち政府の富強、民の貧弱は即ち政府の貧弱、所謂《いわゆる》民あって然る後政府立ち、然《しか》る後民其生を遂ぐるを要するのみ」である。これを『自由党史』は、「啻《ただ》に政治部面の改革のみにあらずして、亦《ま》た実に社会改革の先声たるなり」と自画自賛する。

この時、板垣は明治維新政府の参与の地位を去って土佐に戻り、一八七〇（明治三）年一〇月一九日から土佐藩の「第一等大参事」という藩の最重要職にあった。（三好徹『板垣退助』参照）。この『土佐藩政録』の史料が板垣個人の立案であるかはともかく、板垣が深くかかわっていたことは間違いない。

なお、この『藩政録』の中で、「既に近頃普仏の戦争に、仏国屡々《しばしばはい》敗を取ると雖《いえど》も、其《その》民挙国憤興し、愈《いよいよ》報国の志強く、其《その》都府（パリ）長囲《ちょうい》を受けて、猶《なお》屈せざるを聞けり。是又《これまた》人を重んずる制度の善なるを観るに足る」と、一八七〇（明治三）年の普仏戦争に際してのフランスの「共和制の臨時国防政府」を高く評価していることも注目される。

もとより、片岡が先か、板垣が先か、そのような論議を立てるつもりはない。そんな論議はおよそナンセンスというべきだろう。逆に私は、外崎光広『土佐の自由民権』の片岡健吉のイギリス留学が、板垣の思想の背後にあったという立論に強く励まされた。いずれにせよ、戊辰戦争から自由民権期にかけて、板垣退助と片岡健吉は常に一心同体のコンビであり、ワンセットとして自由民権運動の中心にいつづけたというべきだろう。

そして、もう一人のこの明治維新史の中での登場人物が、河野広中である。後述するように、福島県三春出身の河野広中は、一八七五（明治八）年、自身が戸長であった福島の石川町に民権政社「石陽社」を創設し、七七（明治一〇）年には郷里三春に同じく民権政社「三師社」を創設した。東北・関東の民権政社の初めである。そして七九（明治一二）年には自由民権運動の全国組織「愛国社」の大会に参加し、八〇（明治一三）年の「国会期成同盟」による「国会を開設するの允可《いんか》を上願する書」の提出にあたっては、片岡健吉と二人で国会期成同盟を代表してその委員となった。「西の土佐、東の福島」と並び称される福島自由民権運動の中枢に居続けた人物である。そしてもちろん、八二（明治一五）年の福島事件では、県会議長として県令三島通庸《みちつね》との闘いの先頭に立った人物である。

この河野広中と板垣退助の最初の接点も、一八六八（慶應四）年の戊辰戦争であった。

河野は福島三春藩の豪農の出、板垣の東北攻めの時にはわずか一九歳であった。しかし藩の尊王運動に連なり、紆余曲折はあったものの藩の尊王派を代表して官軍参謀板垣退助への使者に立ち、三春藩の官軍への「無血開城」を工作した。『河野磐州伝』はこの様子を河野広中自身の口述によって、得意満面、生き生きと伝える。そのほんの一部を引用しよう。詳しくは『河野磐州伝』を参照されたい。

「磐州は板垣参謀に見《まみ》えて、具《つぶ》さに藩状を陳《ちん》じ、其の意見を問ふた。板垣も大に喜び、『事意外に出でた』と称し」、河野に三春藩の官軍への無血開城への具体的指示を与えたというのである。

もちろんこの時の河野はおろか、板垣すら民権家とは言えない。ただ後述するように、一八七七（明治一〇）年、その前から自由民権運動にかかわっていた河野広中があらためて土佐に板垣退助を訪れた時、板垣退助はよく戊辰戦争時の河野広中を覚えていたという。河野広中と板垣退助の最初の接点も、戊辰戦争にあったとしてよいだろう。

こうして明治維新史の戊辰戦争のなかでめぐりあった板垣退助・片岡健吉・河野広中のトリオは、その後の自由民権運動の高揚の中で、ともにその時代を駆け抜けていったのである。

征韓論争と板垣退助・西郷隆盛の下野

一八七一（明治四）年七月、廃藩置県による制度改革で、板垣退助は参議に任じられ、土佐から東京に呼び戻された。西郷隆盛も参議に任じられ、薩摩から東京に呼び戻された。参議には長州の木戸孝允、肥前の大隈重信なども任じられ、薩摩の大久保利通は実力をもった大蔵卿となった。

その直後、一一月には岩倉具視を大使とする岩倉使節団が欧米に派遣され、大久保利通・木戸孝允・伊藤博文などがそれに随行した。使節団の帰国は、一八七三（明治六）年九月一三日であった。

この間、西郷隆盛・板垣退助を中心とする留守政府の間で、いわゆる「征韓論」が盛り上る。韓国は江戸時代、朝鮮通信使による国交を江戸幕府と保っていたが、明治新政府との国交は拒んでいた。さらに、一八七三（明治六）年五月、「東萊《とうらい》・釜山《ぷさん》両府使は、公然其《その》小吏に命じ、我《わが》官吏の駐劄《ちゅうさつ》せる公館の門壁《もんぺき》に掲示を為さしめ、我邦を侮辱し、我官吏を威嚇《いかく》して之を去らしめんとするあり」（『自由党史』）という事件が起こった。世論はこれに憤激した。西郷隆盛・板垣退助らの征韓論は、こうした状況を背景とするものであった。もちろん、士族反乱に赴きがちな士族の不満を、対外緊張にそらすという狙いもあった。

しかし、板垣と西郷の間でそのニュアンスは少々違っている。板垣は、「宜《よろ》しく英、仏が居留民保護の為めに兵を我邦に駐《とど》めたる例に倣《なら》ひ、居留民保護の兵を派すべきなり」と主張し、西郷は「斯《かく》の如きは却《かえっ》て韓国の吏民を疑懼《ぎく》せしむるの恐あり、如《し》かず先づ全権大使を派遣し、飽《あ》く迄も平和の談判を為さんには」と主張した。（『自由党史』）

板垣の論は、即時派兵を主張する強硬論に見えるが、ここであくまでも「居留民保護」のためと言っているところに注目したい。もちろん、それが侵略戦争にはつながらないという保証はなく、「居留民保護」の派兵も現代の感覚からすれば許さるべきことではないだろう。しかし、板垣も言うように、幕末の日本が「英、仏、（米）」からそのような仕打ちを受けてきたことも事実である。性急な評価はさけて「時代の限界」の上で考えたい。また、後述するように、一八七五（明治八）年の江華島事件に際しては、板垣は逆にそれに反対して政府から再下野しているのである。

西郷の主張は、一見すれば平和主義に見えるが、実はそうではない。『自由党史』は西郷から板垣に宛てた何通もの手紙を紹介する。そのなかで西郷は「使節被差向候へば《さしむけられ》、……使節を暴殺《ぼうさつ》に及候義は決て相違無之事候間、其節は天下の人皆挙《こぞっ》て可討之罪を知り可申候間、…内乱を冀《ねが》ふ心を外に移して国を興《おこ》すの遠略」と述べている。つまり、使節を送れば必ず暴殺されるであろう、そしてそれに国民は憤激するであろうから、それを契機にして「内乱を冀ふ心を外に移して国を興すの遠略」、すなわち「内乱を冀ふ」士族の不満を外にそらして「国を興す」ための「遠略」、すなわち韓国との「戦争」を起こそうというのである。そして西郷は、必ず殺されるであろうその使節に、自分を任ぜよと猛運動を展開するのである。まさに、「死地」を求めての主張であった。

八月一七日の廟議《びょうぎ》で一旦は決定した西郷の朝鮮派遣は、九月一三日の岩倉使節団の帰国で、岩倉具視・大久保利通ら洋行派の猛反対にあう。廟議は大激論の場となった。

岩倉具視・大久保利通ら洋行派の征韓論反対の理由は、よく「内治優先」であるといわれる。しかし、この内治優先は決して侵略戦争の放棄ではない。『自由党史』は西郷・板垣らに反対する岩倉たちの論を「今日は先《ま》づ内政を整理し、而《しこう》して外征の力を蓄《たくわ》ふべし」と要約する。侵略のための、とりあえずの内治優先なのである。

そのことは、それからわずか二年、後述するように、西郷・板垣が去った後の明治政府の手によって、江華島事件が引き起こされたことに実に明白である。むしろ、「征韓」の「手柄」を、西郷・板垣らにとられることに猛反発したというのが真相でなかったか。

廟議は最初は征韓派が優勢であったが、両派に挟まれた太政大臣三条実美が「発狂」し、一〇月二〇日、岩倉が太政大臣を攝行《せっこう》するにいたって逆転した。

『自由党史』は、一〇月二二日、岩倉具視が『縦令《たとえ》陛下が如何に仰せらるるとも、この岩倉が断じて御為《おさ》せ申さぬ』と、征韓派を恫喝したと伝える。ここにおいて、西郷隆盛・板垣退助・後藤象二郎・副島種臣・江藤新平の征韓派の五参議は次々に辞職に追い込まれて野《や》に下り、西郷の朝鮮派遣は無期延期となった。

下野した西郷隆盛は、桐野利秋・篠原国幹らをはじめとする薩摩出身の軍人・官吏を根こそぎ引き連れて鹿児島に帰県。そこで「私学校」を組織して鹿児島を独立王国のように支配し、いずれ一八七七（明治一〇）年の西南戦争へとつながっていった。

板垣退助・後藤象二郎らは、後述していくように、自由民権運動を展開していく。板垣は西郷とは対照的に土佐出身者の下野を止どめたが、片岡健吉・谷重喜らはそれを聞かずに下野し、板垣とともに自由民権運動に奔走していくのだった。

民撰議院設立建白書とその反響

下野した板垣退助は、翌一八七四（明治七）年一月、「岩倉大久保二人を中心とせる寡人《かじん》専制の政府」を倒して「公議輿論の制度を確立せんと期し」、後藤象二郎・江藤新平と相会して「国会開設の建白」を出そうということになった（『自由党史』）。西郷とは違い、世論による反政府運動を展開しようというのである。

建白書起草に際し、板垣が最初にあてにしたのは、板垣と同じく下野した土佐の片岡健吉と林有造であったという。しかし両名は「天下に重望《じゅうぼう》ある人士」ではないことを理由に固辞した。そこで後藤象二郎に相談したところ、イギリスから帰国したばかりの小室信夫・古澤迂郎を紹介され、建白書起草のために銀座に幸福安全社という事務所を設けて愛国公党を組織し、一月一七日に「民撰議院設立建白書」を左院に提出した。提出者は、署名順に古澤迂郎・岡本建三郎・小室信夫・由利公正・江藤新平・板垣退助・後藤象二郎・副島種臣の八名である。（『自由党史』）

「臣等伏して方今政権の帰する所を察するに、上帝室に在らず、下人民に在らず、而《しか》も独《ひと》り有司に帰す」に始まるこの建白書は、

「夫《そ》れ人民政府に対して租税を払ふの義務ある者は、乃《すなわち》其政府の事を与知可否《よちかひ》するの権理を有す。是れ天下の通論にして、復喋々《またちょうちょう》臣等の之を贅言《ぜいげん》するを待たざる者なり。故に臣等窃《ひそか》に願ふ、有司亦《また》是大理に抗抵《こうてい》せざらん事を」と論旨明快に続け、

「斯《この》議院を立《たつ》る、天下の公論を伸張し、人民の通議権理を立て、天下の元気を鼓舞し、以て上下親近し、君臣相愛《そうあい》し、我帝国を維持振起し、幸福安全を保護せんとすることを欲してなり。請幸《こう》に之を撰《えら》び玉《だまわ》んことを」、と結ばれる。

『自由党史』によれば、この建白書が発表されるや、「新聞紙上恰《あたか》も一種の戦場に似たり」と、新聞・雑誌に賛否両論が飛び交ったという。『自由党史』はそれぞれ出典と日付までを明記し、この賛否両論をかなりの頁を割いて紹介する。反対論が日本ではまだ教育の程度が低いから民撰議院は無理だ、と批判すれば、賛成論は教育の程度を向上させるためにも民撰議院が必要だ、とやり返す。

そのうち特徴的な三つの主張を紹介する。

民撰議院賛成論の西村茂樹は、以下のように論ずる。

「凡《およ》そ非常の功は激《げき》に因て成る者多し。然れども激して善なる者あり〈激して不善なる者あり〉、華盛頓《ワシントン》、佛蘭格林《フランクリン》等の英吉利《イギリス》に叛《そむ》きしは激の善なる者なり。羅伯卑爾《ロベスピエール》、段敦《ダントン》等の法蘭西《フランス》の王家を覆《くつが》へしは激の不善なる者なり。激何の不可なることあらんか。唯《ただ》其事の善不善を問ふべきのみ。假令《たとえ》数氏の言激する処《ところ》ありとも、発して民撰議院と為るは又激の善たる者なり。論者又曰く、方今《ほうこん》民の智識未だ明かならざれば民撰議院を興すの時猶《なお》早しと。愚又謂《おも》へらく然らずと」、と。

西村茂樹はフランス革命のブルボン王政打倒は「激の不善なるもの」と退けながらも、アメリカ独立革命は「激の善なる者」と高く評価し、「民撰議院」も「激の善なる者」とし、かつ「民撰議院」は時期尚早ではないと断言するのである。「革命」という言葉こそ使っていないものの、歴史における「激」を高く評価し、民撰議院の設立を強く肯定している点が注目される。

同じく民撰議院賛成論の津田眞道は、こう論ずる。

「縉紳《しんしん》華族相集まり相議して英国上院の體《てい》に倣《な》らひ皇上を裨補《ひほ》し国祉《こくし》を洪大《こうだい》にせんと欲す。其《その》意は則美なり、其志は則喜尚《きしょう》すべし。然れども其事は則余未だ其可を知らざるなり…縉紳華族は概《がい》するに皆封建の旧藩君にして、諫《かん》を納《い》れ人に長たるの徳ありと雖《いえど》も、大凡《おおよそ》深宮に成長し甚《はなは》だ事情に迂闊《うかつ》にして、智識の如《ごと》きは尤《もっとも》其短所なり」、と。

このように、「深宮に成長」した「封建の旧藩君」による「貴族院」を明確に否定する。自由民権派の人々の多くよりも、さらに一歩進んだ卓見というべきだろう。

そして津田眞道は、制限選挙をその条件にしながらも、「民撰議院は民の撰挙する所にして信《まこと》に国民の代議人なり。…人民をして国事に干與せしむるは民撰議院を創《はじ》むるに如《し》くはなし」と、民撰議院の必要性を強く断じている。

それに対し民撰議院反対論の加藤弘之は、賛成論の馬城壹次郎への反論をこう結ぶ。

「附言、試《こころみ》に問ふ、君（馬城）は大政一新と廃封立県《はいほうりっけん》を以て真に天下の輿論に出でしとするや。僕は思ふ、若し議員をして七八年前に在らしめれば此《この》二大改革決して斯《か》く速に成らざる可しと。蓋《けだ》し此二大改革たるや、数個雄藩数百有志専ら名義を正し、其智と権とを以て天下の嚆矢《こうし》となりて企てし所にして、当時輿論は唯《ただ》数個雄藩数十有志の名義論と及び其智と権とに制せられて遂に之に服し、其後に至り漸《ようや》く其事の大正至善なるを悟るに至りしのみ、君以て如何となす」、と。

「天下の與論」を蔑視する徹底した愚民観と、「数個雄藩数百有志」によって明治維新や廃藩置県が成ったという浅薄な誤った歴史認識を露呈している。

このように世間に賛否の激論を生んだものの、板垣退助らの民撰議院設立建白書は明治政府の容れるところとならず、一八七四（明治七）年三月、板垣退助は東京から土佐に帰った。「而《しこう》して地方政社の勃興《ぼっこう》此より始る」（『自由党史』）のであった。

立志社・立志学舎・法律研究所

一八七四（明治七）年四月、土佐に帰った板垣退助は、片岡健吉・林有造・谷重喜らとともに、さっそく、民権政社「立志社《りっししゃ》」を結成した。その社長には片岡健吉が就任した。外崎光広の『土佐の自由民権』によれば、「立志社」の名前は、スマイルズの『セルフ・ヘルプ』を翻訳した中村正直の『西国立志編　原名自助論』からとったものである。『自由党史』の記す立志社の「設立之趣意書」は、「世運の上進する、人民の奮励する、相視《あいみ》ずんばあるべからず」と始まる。

その国家観は、「夫《そ》れ天下の元気存すれば、即《すなわ》ち其国強盛、而《しこう》して其人民の福祉、斯《ここ》に長ず。然るに天下の元気と云ふ者は、乃《すなわ》ち人民各個の元気相聚《あいあつま》るの大なる者なる而已《のみ》。

故に其人民気風の強弱盛衰、乃ち天下の元気を消長す。…欧人言へるあり、国は人民反射の光なり」、と。

つまり、「国は人民の元気の集まりを反射する光」であるというのである。

政府観は、「且《か》つ夫《そ》れ政府なる者は、畢竟《ひっきょう》人民の権利を保全せんが為に設立せらるゝ者にして、純《もっぱ》ら人民の為なり。故に欧語に、政府の官員を指して公共の僕と謂《い》ふ」、と。

すなわち、「政府は人民の為」にあり、「政府の官員は公共の僕」であると明言する。

議会については、「夫れ我輩誠に人民の権理《けんり》を伸《のばさ》んと欲す。則《すなわ》ち民会必ず立てずんばある可からず」、と。

要するに、「人民の権利を伸ばす」ためこその「民会」である。

以上のように、見事な民主主義思想に貫かれている。

そして『自由党史』はこう宣言する。「立志社の創立は正しく此《この》道地を基礎としたる者にして、当時相伝へて自由は土佐の山間より出づと揚言《ようげん》せしも、亦《また》之れが為めならずんばあらず」、と。

もちろん、立志社は士族の民権派組織であった。しかし、服部之總は「自由党の誕生」（『著作集』第五巻所収）で、かの鈴木安蔵が紹介した「立志社設立趣意書」のなかの一句、

「コノ故ニ三民（農工商）ノ恒産士族ノ知識気風相須《ま》チ、而シテ互ニ用ヲ相成ス者ナリ」を取り上げ、「却《かえ》って立志社の非士族的性格をあらわしている」と以下を論じている。

「ここではかれらは自己を士族としてではなく、急激な解体途上にある小ブルジョア・インテリゲンチャとして正しく意識しているばかりでなく、かつて『三民』の治者だったかれらが、いまや三民の友として、三民とともにあたらしい四民概念としての『人民』を『結合』せんと声明する。そのばあい三民が貧農や半プロレタリアートとしてではなく、『恒産』として表象されていたことは特徴的である」、と。

外崎光広の『土佐の自由民権』によれば、立志社が実質上はじめての集会を開いたのは五月一五日。そこに十七歳の植木枝盛が参加し、「すこぶる慷慨《こうがい》心をひきおこし」、自由民権運動に参加する契機になったと自叙伝に記していると指摘する。（出典は家永三郎編『植木枝盛選集』）。自由民権運動の最大の思想家といわれる植木枝盛を、さっそく立志社の運動が取り込んだのである。

立志社が取り組んだのは、狭い政治運動だけではない。『自由党史』は以下を記す。

「別に学舎を興《おこ》し、商局を設け、法律研究所を開きて、徒弟を薫陶《くんとう》せるのみならず、人民尚《な》ほ法令に暗く、訴訟の累《るい》多きを視て、代つて之が弁護の任に當《あた》れり」、と。

その「徒弟を薫陶」する為の「学舎」は、四月一四日に立志社附属として開校された。「立志学舎」がそれである。

その「趣意書」は、「人学問なくば有る可からず、国教育なくんば有る可からず。是れ世の公認する所にして、即ち我輩の今此学舎を開く所以《ゆえん》なり」に始まり、「我輩已《すで》に斯《かく》志を以て此《この》学舎を開き、以て一般公共の幸福を増長せんとす。我輩、伏て望む、凡《およ》そ諸君の此学舎に入る者、必らず先づ斯の志を確立せんことを」と結ばれる。

ただ一般的に、学問が必要なのではなく、「一般公共の幸福を増長」するためにこそ学問が必要だと、その目的をはっきり記すのである。まさしく、自由民権派の学校だった。

外崎光広の『土佐の自由民権』は、この立志学舎について詳述する。その費用は山内旧藩主から二万円の大金の拠出を受け、九反田の開成館を借り受け（その後、中島町の板垣退助旧邸に移転）、翌々年の一月から、慶応義塾卒業生の江口高邦と深間《ふかま》内基《うちもとい》を招いて、「英学教育」をはじめた。第一等（上級）から第六等までの六クラス編成であった。

学科は、ベンサム『法理書』、ミル『自由之理』・『代議政体』、ウールセー『万国公法』、ギゾー『文明史』、スチュデント『仏国史』、グードリッチ『英国史』、パーレー『万国史』などなどで、それらを英語文の「原書」で学んでいった。

外崎は当時の在校生の島崎猪十馬の回想記を紹介している。
「専《もっぱ》ら英書を教授せり、教場に於ては今日の如く注入的に教へ込み、唯《ただ》に暗記を強ゆる等のことなく、生徒相互間に研究せしめたる上、愈々《いよいよ》其の不解に就いてのみ初めて教師より解説を与へると云ふ、自立主義に即して理解力を高め、学力を進め、人物養成の上に於て、洵《まこと》に理想的の教授法なり。此の新彩ある学風によりて最新の智識を取得せんとする者多く、世人関西の慶応義塾と称して俊髦《しゅんもう》（すぐれた人物）の淵叢《えんそう》（多く集まる所）たり」、と。このように、立志学舎は「原書」の「自立主義」の学習にもとづく、今日の大学もとてもかなわない真の大学としての資質を十二分に備えていた。まさに「関西の慶応義塾」という世評をうけるほどであったのである。

この立志学舎の卒業生からは、多くの優れた民権家が生まれた。外崎光広の『土佐の自由民権』が記すその名のみをあげても、以下のようにまさにキラ星の如くであった。
大石正巳（結党時の自由党幹事、自由党の機関紙『自由新聞』社主）、
坂本南海男（坂本龍馬の甥。土佐最大の民権政社「嶽洋社」社長）、
西原清東（福島三春の「正道館」教師。後に代言人となり「高知法律学校」校長）、
弘瀬重正（西原清東とともに福島三春の「正道館」教師。民権政社「発陽社」で活躍）、

市原真影（土佐民権派の『江南新誌』『土陽新聞』編集者）、
小栗幾三郎（『高知新聞』『土陽新聞』編集者）、
樟　要（『土陽新聞』編集者）、
宮地茂春（板垣退助の次女と結婚。民権派論客）、
山岡重尚（民権政社「嶽洋社」で活躍。後に代言人となる）、
江口三省（中江兆民の『東雲新聞』編集者）、
島村鶴巣（民権結社「回天社」で活躍）。

さらに異色の卒業生を一人追加したい。奥宮健之《おくのみやけんし》は『明治叛臣伝』で、以下を語った。

奥宮は立志学舎で大石正巳らと共に学んだが、明治一四年には実業を志ざし、後に三菱の〝娘婿〟となり首相にもなった東大卒の加藤高明と同期で三菱に入社する。しかし、明治一四年の政変である。奥宮は決然と三菱を退社して、東京へ出て自由民権運動に飛び込み、演説会で活躍する。明治一五年の集会条例改悪で一年間の演説禁止に会うと、東京の各所の寄席で、「先醒堂覚明《せんせいどうかくめい》」の芸名で「仏蘭西《フランス》革命」の講談を演じて大人気を博す。その贔屓《ひいき》になった新橋芸者から、匿名で、「革命旗の引幕」を贈られて得意絶頂だった。その引幕には、真ん中に「革命」の文字を鮮やかに染め抜いた「蓆旗《むしろばた》」を括《くく》りつけた真っ青

な「竹槍」が、両肩には血潮の滴る「生首」が描かれていた。この両肩の「生首」はルイ十六世とマリー・アントワネットであろう。講談も禁止されると、今度は鉄道馬車の開業に反発する人力車夫三百余名を集めて「車会党《しゃかいとう》」を組織する。東京からも追放されると明治一七年には名古屋事件に連座し、出獄後は社会主義者となって活躍して、一九一〇年の大逆事件で幸徳秋水らと共に死刑になった。まさに、〝民衆の友〟を貫いた生涯だった。

さてもう一つの「法律研究所」であるが、『自由党史』はその「緒言」のみを紹介している。

「夫《そ》れ政府の代書代言人を允許《いんきょ》する所以の者は、人民の為に枉屈《おうくつ》を伸《のぶ》るの道を設くるのみ。然して今日の代書、代言往々此意を體認《たいにん》せざる而已《のみ》ならず、富強有勢者の使嗾《しそう》に供し、貧弱無勢の者を凌虐《りょうぎゃく》し、曲直是非を売る者あり。……尚ほ何ぞ上下其情を盡《つく》すを得、裁判其正を保つことを望まんや。是れ固《まこ》とに有志者の傍観《ぼうかん》するに忍びざる所なり」、と。

要するに、屈従を強いられた「人民の為」の代言人が存在しないことを憂い、そうした「人民の為」の代言人を育てることが、その使命であると明記するのである。外崎光広の前掲書は、この法律研究所が完成したのは、一八七六（明治九）年だとしている。

以上のように、立志社は単なる政治結社であるにとどまらず、「一般公共の幸福を増長」

するための人材を育てる「立志学舎」、「人民のための代言人」を育てる「法律研究所」、こういったものをも兼ね備えていたのである。

河野広中の開眼

さて、「西の土佐、東の福島」と並び称される福島の状況は、この時期どうだったのか。河野広中の出身地である福島県田村郡三春町発刊の『三春町史』は、高橋哲夫の執筆の、第三巻「三春町と自由民権運動」を「河野広中の開眼」の節から始める。

明治維新で活躍した河野広中は、一八七三（明治六）年、田村郡常葉《ときわ》町の副戸長に任命された。河野の自由民権運動への目覚めは、この頃だといわれる。

『河野磐州伝』は以下のように伝える。

「三春町の川又卓蔵から、ジョン・スチュアルト・ミルの著書で、中村敬宇の翻訳した『自由の理』と云へる書を購ひ、帰途馬上ながら之を読むに及んで、是れまで漢学・国学にて養われ、動《やや》もすれば攘夷をも唱へた従来の思想が一朝にして大革命を起し、忠孝の道位《くらい》を除いただけで、従来有《も》って居た思想が木葉微塵《こっぱみじん》の如く打壊《うちくだ》かるゝと同時に、人の自由、人の権利の重んず可きを知り、又た広く民意に基いて政治を行わなければならぬと自ら覚り、心に深き感銘を覚へ、胸中深く自由民権の信条を画き、全く予の生涯に至重至大《しちょうしだい》の一転機を画したものである」、と。

これに対して羽鳥卓也は、「忠孝の道位《くらい》を除いただけで」の一句だけをとりあげ、河野の思想、ひいては自由民権運動全体の思想の非近代性を強調しようとした。今となっては、およそナンセンスな暴論である。

すでに早くから、服部之總によって羽鳥への批判が行われた。服部は、『河野磐州伝』は一九二三（大正一二）年に編集されたもので、一八七三（明治六）年の河野の思想に結び付けるのは、史料解釈の根本を誤っていると、羽鳥の方法を根底から批判した。

こうした論争に決着を付けたのは、家永三郎の『植木枝盛研究』である。家永は田岡嶺雲主筆の雑誌『黒白』に連載された「明治叛臣伝」（単行本になった同名の本ではない）の、一八八九（明治二二）年発行の第二号と第三号に掲載された河野広中の略伝を取りあげ、とくに第三号のそれを引用している。

『三春町史』は「河野の出身地三春町にとっては将来にわたりきわめて重要な文献となるので」として、その長文の引用を掲げる。

「君（河野広中）の自由民権思想は、板垣退助及び其の与党の其れの如くミルやスペンサーの論説より吹き込まれたるものにあらずして、同情の凝結せしものなりき。…君は幼にして其母其祖の腕に抱かれながら、俚俗《りぞく》が伝ふる宮城野信夫姉妹の復仇譚《たん》を聴くことを好み、反覆其の事を誦《しょう》せしとかや。（「宮城野信夫姉妹の復仇譚」とは、いわゆる『奥州白石譚』で、仙台藩の農民の娘の姉妹が、武士によって不当な無礼打ちにあった父の仇を討つ物語）…長ずるに及び…忽《たちま》ち北米合衆国独立の宣言を読むに及び、総身の血沸き肉震ひしや知るべきのみ。…君曾《かつ》て語りて曰く、宮城野信夫の事と、ゼファーソンの筆と、是れ正に予を駆りて自由民権の義軍に投ぜしめしものと。ゼファーソンは北米の名士、独立宣言の起草者也。彼は其の劈頭《へきとう》に唱破して曰はく、人々が各自の幸福を求むる権利は、相等しかるべきもの也と」、と。

『三春町史』は以上を紹介し、「広中を『駆りて自由民権の義軍に投ぜしめた』ものが、『磐州伝』の述べるミルの『自由の理』ではなく、宮城野信夫の伝説と、ゼファーソンのアメリカ独立宣言書であったという指摘は重要な問題提起であろう」と、この節を結ぶ。

こうして、東日本にも、日本の民衆運動の伝統と、アメリカ独立革命への憧憬の上に、自由民権運動の種が蒔かれたのであった。

愛国社の創立

話を土佐にもどそう。板垣退助・片岡健吉らの立志社幹部は、各地にできた地方政社の合同を企て、全国的な運動を展開しようと、大阪に「愛国社」を創立した。一八七五（明治八）年二月のことである。

「愛国社」の「愛国」とは、その「合議書」の冒頭に記すとおり。（『自由党史』）

「我輩此社を結ぶの主意は、愛国の至情自ら止む能はざるを以てなり。夫れ国を愛する者は、須《すべか》らく先《ま》づ其身を愛すべし。…今此会議を開き、互に相研究協議し、以て各其自主の権利を伸張し、人間本分の義務を盡《つく》し、小にしては一身一家を保全し、大にしては天下国家を維持するの道」、と。

要するに、自由民権派のいう「愛国」には、あくまでも「個人」の「先ず其身を愛す」

という前提が強調されるのである。そしてその「先ず其身を愛す」結果としての「個人」の「自主の権利を伸張」の延長線上に、「一身一家の保全」や、「天下国家の維持」が達成されるというのである。

後のファシズム期の、国のために「個人」の「命」を捨てよという「一死報国」とは、同じ「愛国」でも、全く逆とも言える無縁のものであった。このことは、自由民権運動の理解において、もって銘されたいことである。

この愛国社創立会議は、『自由党史』が「封建の餘習《よしゅう》未だ去らず」と小見出しを付けて嘆いているように、出席者はわずかな士族のみ。失敗に終わった。

しかし、第二章に見るように、この愛国社の創立は明治十年代になって花を咲かす。愛国社は、一八七八（明治一一）年には再興大会を開き、七九（明治一二）年の第三回大会では国会開設の上願を決議して全国で三一万人にも及ぶ国会開設願望の大署名運動を展開する。八〇（明治一三）年には社名を「国会期成同盟」と改めて片岡健吉・河野広中を代表として「国会を開設するの允可《いんか》を上願する書」を政府に提出する。さらにこの年から全国で「憲法草案」の作成運動を行っていく。そして翌八一（明治一四）年の「自由党」結成の母体となっていくのである。そうした展望を持ちうる組織が、ともあれ結成されたのである。

こうして、自由民権運動の全国的展開の種も蒔かれたのであった。

大阪会議と漸次立憲政体樹立の詔――地方官会議と元老院

さて、一八七五（明治八）年の中央政界はどうであったか。『自由党史』はこう記す。

既にして板垣退助は自由民権運動に奔走し、木戸孝允も一八七四（明治七）年の台湾出兵（いわゆる「征台の役」）に反対して参議の職を去り、大久保利通が独裁体制をとっていた。とはいっても、頼みの薩摩閥はほとんど西郷隆盛とともに下野して鹿児島に帰り、大久保は「孤影落寞《こえいらくばく》」の状態にあった。

この状況を打開しようと大久保が企画したのが、一八七五（明治八）年二月の「大阪会議」である。大阪に、大久保利通・板垣退助・木戸孝允が一堂に会した。この会議での合意により、この年三月、板垣・木戸は参議に復帰するのだが、もちろん条件付きである。

その条件とは、以下の四つであった。

第一　他日国会を開く準備として元老院を設くる事。
第二　裁判の基礎を鞏固《きょうこ》にせんが為に、大審院を設くる事。
第三　上下の民情を通じ、漸次立憲の礎《いしずえ》を定めんが為に、地方官会議を起す事。
第四　行政の混淆《こんこう》を避けんが為に、内閣と各省を分離する事。

この合意に基づいて出されたのが、四月一四日のいわゆる「漸次立憲政体樹立の詔」である。

「朕《ちん》今誓文の意を拡充し、茲《ここ》に元老院を設け、以て立法の源《みなもと》を広め、大審院を置き、以て審判の権を鞏《つよ》くし、又地方官を招集し、以て民情を通じ、公益を図り、漸次に国家立憲の政体を立て、汝衆庶《なんじしゅうしょ》と倶《とも》に其慶《けい》に頼《よら》んと欲す」、と。

この詔によれば、板垣・木戸の四条件のうち、最初の三つ、すなわち「元老院」・「大審院」・「地方官会議」の三つまでが通ったかのように見える。しかし、ことはそう甘くはなかった。

まず、四月、司法をつかさどる「大審院」が設置された。ただし、司法行政権は司法卿に属し、大審院には下級裁判所に対する監督・人事権がなかったため、真の司法権の独立はなかったのである。

そして、六月二〇日、「地方官会議」が開かれて、木戸孝允がその議長となった。議題は、「道路堤防橋梁の事。地方警察の事。地方民会の事。貧民救助方法の事。小学校設立及保護法の事」の五問題である。しかし、「会議は主として警察及道路橋梁等の案を討議する為、時日を空耗《くうもう》し、七月七日に至て、予定二十日間の会期、纔《わずか》に数日を剰《あま》すのみ」。「是に於て世上の失望甚だしく…十三県より上京せる傍聴者は、七月六日、銀座なる幸福安全社に集会し、遂に左の建言を議場に呈出せり」。「左の建言」とは「会議を三日間延長し、他の議案を措《お》いて民会案を討議」することであった。(『自由党史』)

この「左の建言」を行った「上京せる傍聴者」のなかには、あの福島三春の河野広中も加わっていた(『三春町史』)。

しかし、この会議延長の結果も、「わずかに町村会設定の一事に過ぐる能はざりし」と、まさに「龍頭蛇尾」(『自由党史』)に終わった。

ただし、こうした運動が全く無意味だったわけではない。第二章で詳述するように、後日のことではあるが、一八七八(明治一一)年の第二回地方官会議を契機に、郡区町村編成法・府県会規則・地方税規則のいわゆる「三新法」が成立し、「公選の府県会」と「公選戸長」が誕生して、それが自由民権運動発展の大きな足掛かりとなったのである。

「元老院」のほうは、もっと悲惨であった。元老院は七月五日開院、一応その副議長に自由民権派の後藤象二郎が選ばれた。しかし、板垣退助が強く主張した「弾劾権《だんがいけん》」も、後の板垣の再下野によって削られ、元老院は「亦《ま》た一箇の養老院たる観を呈す」(『自由党史』)に終わったのである。

こうして、板垣・木戸が要求した四条件のうち、三つまでが実質上骨抜きにされたのである。ましてや、四つ目の「内閣と各省の分離」などは、手も付けられていない。

これが、この年一〇月、在任わずか七か月で板垣退助が参議を辞して再下野する最大の理由となった。

讒謗律《ざんぼう》と新聞紙条例

地方官会議や元老院の実態に失望した世論は、「交《こもご》も起て民権自由の説を標榜《ひょうぼう》し、大に寡人《かじん》専制の通弊《つうへい》を攻撃」(『自由党史』)した。その政府批判の先鋒にたった主な新聞は、『評論新聞』・『采風新聞』・『草莽新聞』などである。主な論客のなかには、もちろんあの植木枝盛も加わっている。

それに対し、政府は一八七五（明治八）年七月二八日、讒謗律《ざんぼうりつ》と新聞紙条例というとんでもない弾圧法規をもって答えた。

讒謗律

「第四条　官吏の職務に関し讒毀《ざんき》する者は禁獄十日以上二年以下、罰金十円以上五百円以下。誹謗《ひぼう》する者は禁獄五日以上一年以下、罰金五円以上三百円以下」。

要するに、役人の「悪口」を言ったら、処罰するというのである。

新聞紙条例

「第一条　其の詐《いつわり》て官準《かんじゅん》の名を冒《おか》す者は各々罰金百円以上二百円以下を科し更に印刷機を没収する」。

新聞で、政府批判をすれば処罰するというのである。罰金ももちろんだが、当時とても高価だった印刷機の没収は、新聞社にとって再起不能ともいえる大打撃である。

「第十三条　政府を変壊し国家を顚覆《てんぷく》するの論を載せ騒乱を煽起せんとする者は禁獄一

年以上三年に至る迄を科す」。

「政府を変壊し国家を顛覆するの論」を載せれば、いきなり、罰金ではなく、一年以上の禁獄刑が科せられた。では誰がそれを判断するのか。まさに政府の役人である。今からでは、とても信じられないような弾圧法規であった。

江華島事件と板垣退助の再下野

一八七五（明治八）年一〇月一二日、板垣退助は明治天皇に「上書」を提出し、一〇月二八日に参議の職を去り、再び野に下った。

大阪会議で板垣・木戸の出した四条件のうち、「元老院」・「大審院」・「地方官会議」の実態は前々節で述べてきた通りであり、前節で述べたようにとんでもない弾圧法規である讒謗律・新聞紙条例も出された。そして、四番目の条件、「内閣と各省を分離すること」にいたっては、一切まだ手をつけられてもいない。

『自由党史』が掲載する板垣の天皇への「上書」は、下野を決意するにいたった最大の理由として、この「内閣と各省を分離すること」が達成されていないことをあげている。

しかし、板垣辞職の直接の契機となったのが、江華島事件であることにも注目したい。江華島事件とは、この年九月二〇日、日本の軍艦「雲揚」の艦長が、通告なしに艦のボートで朝鮮の江華島砲台付近に迫り測量を行って挑発し、朝鮮側がこのボートを砲撃。艦長は帰艦後、同砲台を砲撃し返し、ついで近くの砲台を占領した、という事件である。日本政府は逆にこれを口実にして、翌七六（明治九）年二月、軍事的圧力のもと、幕末に欧米列強に日本が押しつけられたのとそっくりな不平等条約である「日朝修好条規」を、朝鮮に押しつけて開国させた。

さて、『自由党史』は、板垣の明治天皇への「上書」の掲載の直ぐ前に、「江華島事件」・「板垣対韓策に切偲《せっし》す」の小見出しを付けて以下を述べる。

「八（九の誤り）月二十日、忽《たちま》ち朝鮮江華島に於て韓兵其砲台に據《よ》りて我軍を横撃し、彼我互に砲火を交ふるの警報伝はる。…板垣之を聞て大に驚き、皇倉《こうそう》（あわてて）三条の邸に到り、謂《いい》て曰く、聞くが如くんば、政府は近日軍艦を朝鮮に派して、之を威圧せんとするものの如し。若《も》し果して事実なりとせば、政府の行動は矛盾せりと謂はざる可らず。抑《そもそ》も明治六年、予の朝を退くや、政府は実に内政を整理して然る後ちに外国の事に及ぼすの方針なるを聞けり。然るに今や軍艦を派し、示威運動を為して以て我が要求を達せんとす。若し韓廷にして我の要求を聴かずんば、我は戦はざる可らず。思ふに政府にして韓国と戦ふの意あらば可なり、然れ共《ども》戦意無くして此の児戯《じぎ》の事を為す恐らくは累《るい》を国家に及ぼさん」、と。

また天皇への「上書」のなかでも、主たる下野の理由として「内閣と各省の分離」が達成されていないということをあげつつも、「余固《もと》より内閣の分離を以て是《ぜ》と為せり。然るに今や朝鮮の交或は将に破れんとするの際、余却《かえっ》て其不便を生ぜんことを恐る」と、朝鮮問題が緊迫を迎えている今だからこそ、「内閣と各省の分離」が緊急に必要だと説いているのである。

もちろん、ここで板垣は「政府にして韓国と戦ふの意あらば可なり」と、「戦争」そのものに反対しているのではない。

しかし、先に「征韓論争と板垣・西郷の下野」の節で、一八七三（明治六）年の板垣の主張は、あくまでも「居留民保護」のためと限定された派兵であったことに注目したいと私は述べた。そしてこの江華島事件を直接の契機とする「再下野」である。

板垣を反戦論者とすることはできないかもしれないが、朝鮮との全面戦争に対しては、一貫して「慎重派」「消極派」であったということはできるのではなかろうか。
他方、板垣も指摘するように、一八七三（明治六）年と一八七五（明治八）年の明治政府の対応は、まさに「矛盾」している。岩倉具視や大久保利通の「内治優先論」とは、実はこのような「侵略」を前提としたものだったのである。

河野広中と石陽社・三師社・愛身社

河野広中が「地方官会議」を傍聴し、「地方官会議を延長して地方民会案を議す」という提案のグループに加わったことは既にふれた。この時、河野は二十五歳。ここでは、『三春町史』によって、その後の河野の活動を紹介したい。

一八七五（明治八）年六月の地方官会議傍聴は、かれの政治思想を強く刺激し、帰県すると直ちに石川町に『石陽社』を設立した（八月。石川町は河野の戸長としての任地）。

一八七七（明治一〇）年八月の土佐行はさらに河野の自由民権運動への指向を決定的にした。この時、板垣退助ら土佐民権派の面々と接触して帰県すると、県六等属として『民会規則』の編成にあたるかたわら、三春（河野広中の出身地）に『三師社』を創立し（明治一一年一月）、また旧友安瀬敬蔵の任地喜多方（安瀬は喜多方戸長）に『愛身社』を結成させる（明治一一年秋）。

「石陽社」は、その「設立趣意書」に、まず天賦固有の人権の尊さを述べ「夫れ政府は人民あるを以て初めて成る」と続ける。当初は石川郡のほかにも参加を呼びかけ、一時は総勢二〇九名にもなったが、各地に民権政社が創立されると石川郡だけの結社となった。

「三師社」は、戊辰戦争の尊王運動以来の河野広中の同志である三春戸長の野口勝一、松本茂、田母野秀顕、松本芳長、佐久間昌言、三輪正治、岩崎政義らが中心人物であった。加盟者は約八十名に及んだ。

その「契約書」は、「社会は人衆の結合を以て成立するものなり。曰く権利。曰く義務。二者相共に平行し以て頃刻《けいこく》も離るべからず。理義の人心に存する重きこと移すべからず。堅きこと破るべからず。富貴も淫する能はず。威武も屈する能はず。是れ之れを天賦固有の権と云ふ」、という見事な「天賦人権思想」で始まっている。

会津喜多方の「愛身社」は、河野広中の旧友である安瀬敬蔵が戸長になっていたことが縁で結成された。主な参加者は宇田成一、中島友八、山口千代作、小島忠八、赤城平六、遠藤直喜、原平蔵、三浦信六、五十嵐武彦らで、総勢五四名が加盟した。そのほとんどが庄屋の主《あるじ》で、ために愛身社は「肝煎会《きもいりかい》」といわれた程であった。

彼らの多くは、慶應三（一八六七）年、または明治元（一八六八）年の「世直し一揆」で、農民の襲撃を受けた側であった。どの家でも大黒柱に刀傷が残り、それを家人たちは「世直し一揆」に襲撃された跡だと話すし、史料的にもそれが確認される。こうした一般農民の下からの突き上げを経験した村落の指導者が、自由民権思想を学ぶことによって、一般農民と共に手をたずさえて専制権力に対し立ち向かっていく、そういう大きな〝飛躍〟が、ここに生まれたのである。

「愛身社」は当初は「石陽社」「三師社」より政治色が薄かったが、一八八二（明治一五）年、自由党会津部結成の母胎となり、他のどの政治結社にも見られない著しい変貌を見せ、三島県令の暴政に激しく抵抗、そして福島事件の口火を切ったのである。

本書第三章「福島事件」において、このメンバーたちに再びめぐりあえるであろう。

竹槍でドンと突き出す二分五厘

明治維新の近代への三大改革は、結果として、いずれも農民の大一揆に迎えられた。

一八七二（明治五）年の「学制」は、「学問は身を立つるの財本《もとで》」と謳《うた》い、商品生産の進展に伴う国民の教育要求にこたえる近代的な義務教育制度の外見を取りながら、実態は費用はすべて貧しい農民の「自己負担」で、「子供を学校にやると家がつぶれる」という状況だった。

一八七三（明治六）年の「徴兵制」は、「国民皆兵」をもって「是れ上下を平均し人権を斉一にする道」と謳ったが、実態は農家の次・三男に対する新たな「夫役」の出現であった。特に「徴兵告諭」にある「血税」の一言は、「軍隊に行けば生き血を取られる」との誤解も生んだ。

そのため、一八七三（明治六）年、全国で学制反対一揆、徴兵制反対の「血税一揆」が続発する。

一八七三（明治六）年、「地租改正条例」が出されて、地租改正事業が始まる。農民に「地券」を与えて「持主」として土地所有権を認めたものの、地租は「地価の百分の三」とされ、これは「旧来の歳入を減ぜざるを目的」として逆算されたものだった。実態は、江戸時代となんら変わらなかったのである。

ただし、地租改正条例には、相矛盾する二項が付いていた。第六章では、地租の「地価の百分の三」が過重であることを政府自らが認め、将来の「地価の百分の一」までの減額を約束していた。農民たちはこれに大いに期待した。

それに対し、第八章では、「地価」の五年目ごとの改定を明記していた。これでは、いくら農民が生産増大に努力しても、五年目ごとの「地価」の改定によって、結果としては「地租」が増やされ、その生産増大分が新たな国家の収奪を受けることになってしまう。次の地価改定は、一八八〇（明治一三）年とされていた。

当初、農民たちは、第六章に幻影をみて、ピタリと一揆をやめ、自らの費用で喜んで土地を測量し土地台帳を作成した。

ところが、明治専制政府は一八七五（明治八）年の地租改正条例細目の制定によって、当初の人民の申告を基礎としての地価算定方式を放棄し、官の見込額を村内の地位・等級にもとづいてわりふる方式を定め、七六（明治九）年末の完成を目指して、「旧来の歳入を減ぜざるを目的」とする改租事業を、強引に推進して行くにいたった。

それは、地租改正反対大一揆を呼んだ。七五、七六年、茨城県大一揆、また三重・愛知・岐阜・堺（現在の奈良）の四県にわたる伊勢暴動をはじめ、地租改正反対大一揆が激発する。その特色は、農民が政府・県との対決を強く意識していたことで、「凡そ官の名義あるもの必ず之を毀焼《きしょう》す」と報告された実情であった（遠山茂樹『日本近代史Ⅰ』）。

折から、西郷隆盛の西南戦争への不穏な動きの真っ最中であり、政府は農民一揆と西郷軍との双方への二正面対決を避けるため、地租の「地価の百分の三」を「百分の二・五」に減じることで、農民たちに譲歩して、かろうじて一揆を収拾した。農民たちは、「竹槍でドンと突き出す二分五厘」と凱歌を歌った。七七（明治一〇）年一月のことである。

この地租改正反対大一揆とその勝利は、自由民権運動に大きな影響を与えた。もちろん地租軽減は農民だけでなく、自由民権運動をこれから担っていく地主たちにとっても切実な問題であり、なによりも農民のエネルギーへの驚嘆は、地主たちはもちろん、士族にとっても農民問題に目を向けさせる契機となった。明治一〇年代の自由民権運動に、「農民問題」「農業綱領」が主軸となっていく所以であった。

西南戦争と立志社

西郷隆盛の西南戦争と立志社の関係について、外崎光広の『土佐の自由民権』は以下のように論じる。

一八七七（明治一〇）年二月一五日、西郷隆盛は鹿児島の「私学校」党の一万三千人の兵を率いて、「今般政府へ尋問の筋之あり」を合い言葉に、まずは九州の政府軍の拠点である熊本城におかれた熊本鎮台の攻略をめざし、鹿児島を出発した。西南戦争の勃発である。その直接のきっかけは、それに先立つ一月、陸軍省が私学校党が鹿児島にたくわえていた兵器・弾薬の一部を、汽船で大阪に運ばせようとしたことにあった。これが私学校党をひどく刺激したのである。

この西郷軍の挙兵に際し、「熊本民権党の平川惟一・宮崎八郎らは、民権と国権の拡張のために政府の改造を実現する必要があるとして協同隊を組織して西郷の揮下《きか》に馳せ参じた。このように「九州各地で西郷軍と連絡して蜂起したもの、全国の各地から馳せ参じた者を合わせて、西郷軍のもっとも多い時には、約四万二千人に達した」。

　しかし、西郷軍は熊本鎮台を攻略できずに苦戦しているうちに、本州から派遣された征討軍に三月二〇日に田原坂《たばるざか》の戦いに敗れ、征討軍は四月一五日に西郷軍の包囲を破って熊本城に入城した。以後敗退を続けた西郷軍は、九月一日、郷里鹿児島に帰って城山にたてこもったが、征討軍に包囲され、九月二四日、西郷らが自刃して西南戦争は終わった。

　立志社にも、熊本の「協同隊」などと同様に、西郷軍に呼応する林有造らの挙兵計画があったのだが、それを外崎は以下のように結論づけている。

「当時の板垣の真意や立志社の動向については、今日なお異なる見解があって断定できないが、おそらく板垣・片岡をはじめとする在地の立志社幹部には挙兵の計画がなかったものと思われる。…立志社の挙兵計画は、林有造ら数人の県外居住者の企図であり、児戯に等しい陰謀であったように思われる」、と。

　そして、「立志社が西郷軍に呼応する挙兵策をしりぞけることができたのは、…政府の挑発に乗ってはならないという、立志社派の自戒や、諸々の要因が考えられるが、その本質的原因は、立志社が政治変革の新しい方策、自由民権運動を確信をもって把握していたためにちがいない」、と。

立志社建白書

立志社総代片岡健吉による「立志社建白書」は、一八七七（明治一〇）年六月九日に、京都行在所における明治天皇にむけて提出され、一二日につき返された。

しかし、その起草は既に四月以前から始まっていることに注目したい。

外崎光広の『土佐の自由民権』は、以下を指摘する。「植木枝盛が立志社建白の第一稿を起草したのであるが、彼の遺品の中に『明治十年四月下浣《かかん》』付の下書きがあるから、その時期はこれ以前であることは明らかである」、と。

よく、西南戦争での西郷軍の敗北が明らかになって、はじめて立志社建白が起草されたという論が立てられるが、四月以前といえば西南戦争はまだ激戦のまっただなかである。立志社の路線は、早い時期から固まっていたことになる。貴重な史料である。

『自由党史』は「建白書」の長文の全文を掲載するのだが、ここではその論旨だけを紹介したい。建白書はまず「天威《てんい》を憚《はばか》らず上書具陳《ぐちん》する所あらんとす」とその冒頭に記す。

そして、その「上書」やむなきにいたらしめた政府の失政を八点にわたって批判する。「誓約の叡旨」とは『五ヵ条の誓文』である。

「其一《その》に曰、内閣大臣誓約の叡旨《えいし》を拡充せず、公議を取らずして専制を行ふ也」。

「其二に曰、大政総理の序を失する也」。

「其三に曰、中央政府の集権に過ぐる也」。

「其四に曰、徴兵令政体と合ずして軍制立たざるなり。夫れ徴兵の制を定め、人民に血税を課するや、専制の政治之が専制を被《こうむ》らしめたる人民に対して敢《あえ》て行ふ可きものに非ず。之を行ふ必ず立憲の政体を要す可き也」。

「其五に曰、財政其《その》道を失する也」。

「其六に曰、税制煩苛《はんか》（わずらわしくやかましい）に属し、人民之れに耐へざる也。夫《それ》国の政府たるや、其人民を保全するの代務に於て、更に之が凡百の租税を徴課し、其保全の費に充《あ》て、幸福安全の域に處《お》らしむるの責を任ず。而して人民も復た之が義務を竭《つく》す事厭はず、之れ立憲政治の其宜きを得て、煩重苛細《はんじゅうかさい》の弊は地を掃《はらっ》て去る所以なり。其専制政治の政府たるは然らず、人民を奴僕《ぬぼく》となし、凡百の租税を課するも、皆之を独断に帰し、或は緩《かん》に、或は急に、収納の方法は改置常ならず」。

「其七に曰、士民平均の制を失する也」。

「其八に曰、外国干渉の處分を錯《あやま》る也」。

建白書は却下されたが、印刷して広く配布され、明治一〇年代の世論に大いに影響を与え、自由民権運動の高揚の基盤になっていった。

第二章

自由民権運動の高揚

この章からは、あえて明治年号を使用して述べていきたい。「元号」を使用するなど、もちろん本意ではないが、「明治一〇年代」が、まさに「自由民権運動の時代」としての一つの「まとまり」をなしているからであり、それを明確に把握する利点があるからである。

明治一〇年代前半の意味

講座派の代表とも目される平野義太郎『日本資本主義社会の機構』（一九三四年）は、明治六年の地租改正以来、地主の反動化と小作の没落が進み、それが明治一〇年代の本源的蓄積過程のなかでいっそう激化して、自由民権運動の基本的対立は「地主と小作の対立」にあったとする。そして、その典型的な発現が明治一七年の秩父事件であるとした。

それに対し、早くから同じ講座派の内部批判として、服部之總『近代日本のなりたち』（一九四八年）は、以下を語っている。

「事実のうえでは、自由民権運動の全国的参加者の圧倒的部分は大中小の地主であった。

…しかるにわたしたち講座派（特に平野義太郎）の理論では、その地主たる半面においては封建的な反動性だけを認めるという機械的なドグマをもった。地主たることが反動的であることは、その実もっと後年のことである」、と。

そもそも、マルクスが『資本論』で述べる「本源的蓄積過程」とはどういうものか。本源的蓄積過程の前提には、独立自営農民の広範な成立があって、そしてその成立した独立自営農民が生産手段を奪われて、自己の労働力を売る以外にない労働者として生み出されていく、そのプロセスが本源的蓄積過程である。そのように私は学んできた。

「農民からの土地収奪」という結果のみに、目を奪われてはならない。その過程には、「独立自営農民の広範な成立」という前半部の歴史的前提があり、そこでは農民たちが、〝生産の喜び〟を謳歌する時代があったことを、忘れてはならないのではないだろうか。もちろん、その時代は「束の間の喜び」であり、結果としては、「農民からの土地収奪」が、「本源的蓄積過程」の結末であったことは言うまでもないのではあるが。

服部之總や遠山茂樹は、この「独立自営農民」の時代の意義を、とりわけて強調する。しかし、平野義太郎にあっては、この「独立自営農民」の時代の把握が、欠如しているかに思えてならない。

明治一〇年代前半とは、どういう時代だったか。服部之總や遠山茂樹の描く時代像を、私なりに理解すれば以下のようになる。

「竹槍でドンと突き出す二分五厘」の結果、地租が六分の一も軽減される。また、西南戦争の戦費調達のため、不換紙幣を大量発行したからインフレが進行し、農産物価格が上昇して、地租が実質上さらに軽減される。地租改正で「地券」を与えられ、形だけは土地の「持主」になった農民が、実質もそれを謳歌する「束の間の喜び」の時代がおとずれる。農民の生産意欲は向上し、新しい農業経営への模索も進む。市場への目も向けられ、相場が関心事となって新聞が読まれるようになる。それがまた、自由民権思想を広めていく。そうした、いわば「独立自営農民」の〝生産の喜び〟の爆発、それこそが、明治一〇年代前半の自由民権運動高揚の背景となった。民衆は、追い詰められて立ちあがるのではない。民衆は、より良い明るい明日に向かって立ち上がるのである。

明治一〇年代前半、つまり自由民権運動高揚の時代は、この本源的蓄積過程の前半期で、この「独立自営農民」の活動が活発かつ顕著な時期であった。そして、この時期の地主は、「寄生地主」としてではなく、生産の場で農民と固く団結し、そのリーダーとなって進む「豪農」としての側面を前面に打ち出していた。そのように、私も理解している。

民衆の組織化

そうしたなかで、民衆の生産・生活の場で、自主的な組織が一斉に開花する。

遠山茂樹は、「自由民権運動の歴史的意義」（一九八八年、『著作集』第三巻所収）などで、以下を強調する。

農村では、新しい商品作物生産への意欲が高まり、「農談会」が各地で開催されて、農業技術に関する知識を交換しあい、高めあう。特に、製糸業では、多くの組合が結成され、横浜に共同出荷するとか、製糸の新しい技術を組合で導入し、その組合からそれぞれの業者が学んでいくという動きが生まれる。あるいは商人たちの間でも、「同業組合」が各地で結成される。また、当時の知識人の代表である教員のなかでも、さまざまなグループが生まれ、県によっては「教育会議」というようなものが設けられ、各地の教員の代表者が集まって教育問題を討議するというようなことも生まれる。

特に、「民権政社」の活動は活発だった。その開催した演説会をみると、政治問題の他に必ず学術講演が一本入っていた。自由民権運動は、地域の教育活動も担ったのである。民権政社の事務所は、新聞その他を閲覧する図書館でもあり、多くの若者を集めた。盛岡の求我社では、働く若者のために「夜学校」まで開いている。また求我社は『盛岡新報』という機関紙を発行し、それには必ず一つは教育論文を入れていた。そのなかに、「専制教師と卑屈生徒」という論説がある。外では卑屈な精神をなくさなければ立憲政治は実現できないと言っている教師たちが、教室のなかでは「専制教師と卑屈生徒」という関係を作っているのではダメだと、強く自己批判している。

茨城の同舟社という政社は、医者を雇い病院まで作って、コレラ予防にあたっている。同じく茨城の薫風社では集会がある度に、政談演説の他に必ず、漢詩・絵画・和歌・俳諧・囲碁・将棋などの、娯楽・文芸活動などの分科会を設けている。こうした、まさに広範な民衆の組織が生まれていったのである。

そうした典型が、長野松本の「奨匡社」という民権政社である。それは、以下のような団体を基礎に作られていた。

一つは、猶興義塾という自由民権派の私塾。次に、自由民権派の新聞である松本新聞。そして、松本農事協会・東筑摩郡農談会という農業団体。友誼社という生糸業者の団体。

交詢社という慶應義塾卒業生の集まり。そして、村から郡へ、郡から県へと次々に代表を送った「教育会議」(「教育議会」)に結集する師範学校卒業生を中心とする教員グループ。さらには、県会議員、町村会議員のなかの民権派。こうしたもので組織されていた。地域のあらゆる近代への胎動を結集したのである。

もちろん、こうした組織には地域的特徴があり、土佐のような士族中心のもの、関東の農村のような農民中心のもの、横浜・大阪のような商人中心のもの、東京のような都市知識人中心のもの、という四つの違ったタイプがあったが、それぞれが結び合い、影響し合っていた。一方的に農民・商人が士族・都市知識人から指導されたのではなく、逆に東京の知識人・土佐の士族が関東の農民運動の大衆的な成果に大きな影響を受けた。そうした「地域と全国との結合の成果として、自由民権運動の指導者が、地域民衆によって引きつけられて行く。その結果、指導者が生産とか生活の場から離脱して行くことから極力食い止められていたと私は考える」、と。

江戸時代の「徒党強訴の禁」からわずか十数年、各地でこういった自主的な組織が育ち始めたのである。それが、自由民権運動の基盤となっていった。まさに、自由民権運動は、近代への国民的希望や胎動を、網羅し組織する運動に発展していったのである。

『土佐の自由民権』

そうした「民衆の組織化」が、ユニークな活動を含めて最も進んだのが土佐であった。外崎光広の『土佐の自由民権』は、それを生き生きと紹介する。この節では、その表題をお借りし、明治一〇年代初頭の土佐の自由民権運動の高揚を紹介したい。

民権政社

立志社に引きつづいて、嶽洋社、回天社、有信社、発陽社、修立社、共行社などが知られているが、そのほかのおびただしい数の結社についてはなお明らかになっていない。それは、明治一三年の『高知新聞』創刊までは土佐に日刊新聞がなかったためである。そこで外崎は、民権派政論新聞『大阪日報』への土佐からの通信に丁寧に目を通しながら、民権政社をおっていく。

その名前だけをあげても、南洋社、又新社、明進社、方円社、高陽社、進取社、顕理社、身修社、共志社、実力社、聳南社、南嶽社、合立社、南州社、開成社、勇進社、平民社、逍遥社、合立社とものすごい数に上る。

雑誌・新聞の発行

明治一〇年八月二五日に、立志社の出版局高陽社から『南海新誌』と『土陽雑誌』の創刊号が同時に発行された。植木枝盛が「自由ハ土佐ノ山間ヨリ発シタリ」と記したのは、この『南海新誌』創刊号の「緒言」である。明治一一年一月一〇日、『南海新誌』と『土陽雑誌』は合併改題して『土陽新聞』となった。

それは第三七号までで廃刊になったが、その廃刊の事情について植木枝盛の政友だった大島更造の『土陽新聞小歴史』は、雑誌に関係した人たちが愛国社再興の各部署についたためだと書いている。植木枝盛は明治一一年二月六日の日記に、高陽社へ往き、板垣退助らと会して、「新聞紙を大阪に持ち出すことを評議す」と書いている。

要するに、ふるわなくて廃刊になったのではなく、大阪を拠点とする全国紙へと発展的解消を遂げたのである。それは大阪での、植木枝盛が主筆となった『愛国新誌』となって結実した。

演説会

明治一三年四月の集会条例の制定までは、讒謗律《ざんぼうりつ》・新聞紙条例だけでは、明治専制政府としても、演説会を十分に取り締まることができなかった。この演説会を大いに活用したのが、まずは土佐の民権派だった。

明治一〇年六月七日夜、播磨屋《はりまや》町で開催されたのが、立志社による公開演説会の最初だといわれる。六月二三日夜に稲荷新地演劇場で開催された演説会は、「入場者が二千人、入場不能者が二千人に達し、混雑のため中途閉会している」。芝居、落語、講談、演芸などの劇場（芝居小屋）や寄席が、自由民権運動の演説会場に取って代わられて、「芸人失業時代」といわれるほどだった。

『大阪日報』の明治一一年七月二一日号の「高知県近況」は、「立志社の演舌会《えんぜつかい》あり・・此に由て立志学舎の一等二等生（上級生）が代って場に上ぼる」と、あの「立志学舎」の上級生が交代で演説会の弁士として登壇したことを伝える。立志社の演説会での弁士としての登壇は、『立志学舎』のいわば〝卒業試験〟だったのである。

演説会には多くの女性も傍聴した。明治一〇年一〇月八日、先にもふれたように土佐を訪れていた福島三春の河野広中は日記（『南海記行』）に、「立志社日日の演説に来聴する者は日に月に増加し、婦女の来聴者のために女席《おんなせき》を設置してあるのだが、現時はこの女席がせまくなって、拡張の要望が出ている」と書いている。

そうした中から、明治一一年夏に、日本で初めて婦人参政権を要求した楠瀬喜多《くすのせきた》の活動なども生まれた。楠瀬喜多は夫の死で未亡人となり、子がいなかったために戸主になっていたのだが、区会議員への投票を拒否されると県庁に抗議する。曰く、権利と義務は両立するのが道理だから、議員を選ぶ権利がなければ、納税の義務もない、と。それにしてもこの時期に婦人参政権を主張するなどはまさに卓見というべきだろう。この楠瀬喜多は自分では演説はしていないが、この年の『大坂日報』の「土佐州会」の報道には「傍聴人の内に一婦人ありとは某氏の細君にして最も民権に熱心なる人なるが、一日怠りなく弁当を携へて傍聴に出掛けるよし」、という楠瀬喜多の記録が残るという。

民権歌謡

土佐自由民権派の人々は、民権思想を歌謡などの娯楽によって普及することも行った。植木枝盛が明治一〇年一一月以前につくったと考えられる（出典は家永三郎『植木枝盛研究』）『民権かぞへ歌』は、おそらくその最初のものである。

その歌詞は、

一ットセ、人の上には人ぞなき、権利にかはりがないからは、コノ人ぢゃもの

二ツトセ、二つとはない我が命、捨てしも自由のためならば、コノいとやせぬ

六ツトセ、昔をおもへは亜米利加《アメリカ》の、独立なしたるむしろ旗、コノいさましや

など全二十句である。この『民権かぞへ歌』は、土佐だけではなく、全国に広まった。関東・東北には、鰹を追い黒潮にのって千葉の銚子の漁師と往来のあった土佐の漁師が、まずそれを銚子の漁師に伝え、それが「銚子大漁節」のメロディーにのせて、近世以来の利根川水運に沿って拡まっていった。

明治一〇年末には安岡道太郎の『世《よ》しや武士《ぶし》』が、立志社の出版部の高陽社から刊行された。あの「よさこい節」のメロデーにのせて、冒頭が「よしやなんかい苦熱の地でも粋《すい》な自由のかぜがふく　よしよしよしよし」にはじまる全六八句という大作である。

明治一一年一月二五日付『大阪日報』掲載の「高知県近況」は、「此節高知で流行する俚謡は高陽社にて先つころ出版になりたるヨシヤブシ最も盛んにして、花街柳巷往く所としてヨシヤブシならざるはなし」、と報じている。

明治一二年四月刊行の植木枝盛の『民権自由論』の付録『民権田舎歌』。

「おまえ観んかえ籠の鳥　羽があっても飛ぶことならぬ　おまえ見んかえ網の魚　鰭《ひれ》があっても游《およ》がれぬ　お前観んかえ繋《つな》いだ馬を　蹄《ひづめ》があっても走られん　人に才あり力もあれど　自由の権利がない時は　無用の長物益がない」…「人に貧富強弱あれど　天の人間を造るのは　天下万人皆同じ　人の上には人がなく　人の下にも人はない　ここが人間の同権じゃ」…「政府は民の立てたもの　法度は自由を護《まも》るため　官的《かんてき》（役人）きゃ吾儕《おいら》の雇いもの　権利を張らねば詮《せん》がない」…「民選議院を早く立て　憲法を確かに定めーよこれは今日の急務じゃぞ」と歌い込んでいる。

民権踊り

さらに土佐民権派は「民権踊り」も考案した。『高知新聞』は明治一四年の七月二五日の夜、高知市民の納涼場で夏は夜店なども出る鏡河原で、米国《アメリカ》独立の曲などを「ソレヤーハトセーと踊り出」したと伝え、八月一〇日夜には下の新地此君亭の芸妓舞妓全員が揃《そろい》の浴衣で下の河原に出、上の河原では陽暉楼の芸妓が民権踊を面白く踊ったと報じている。その『米国《アメリカ》独立の曲』の末尾は以下であった。

共和政体目出度ここに　人の上には人こそなけれ

四年代りの人頭（ママ）領　上院下院の評議役
昔つどひし十三州も　今は三十六州になりて
扨《さ》ても愉快な独立話なし　其に引かへ亜細亜の州《くに》は
民の権利も荒縄しばり　牛よ馬よとおひつかわれて
いきて甲斐なき此有様を　筆に書れず口には言へず
遥か隔てし東の空を　眺め暮すか浮月日

もちろん見物人たちは大喜びだったろうし、そろいの浴衣で踊る芸妓さんたちも、どんなにか嬉しく、また誇らしかったことであろう。

運動会

現在では、小学校・中学校・高校をとわず、多くの学校の最大行事となっている運動会だが、その原形もこの時期の土佐の自由民権運動にあった。

外崎は最初に『大坂日報』の明治一一年七月一六日号の伝える運動会らしきものの原形を紹介している。「さる六日高知県にて板垣退助君の催にて南嶽社員が桂浜にて『旗取』をなせしが余程盛なりし」と。『旗奪い』とはどんなものだったか、明治一一年一二月一〇日、一一日の「高知近況　自由堂主人報」はそれを生き生きと伝えている。

「近頃は『奪旗』の遊び盛んにして先日も新井田浜にて催せり。来集無慮《むりょ》数千人、先づ其粗《あら》ましを述べんに、南洋、南嶽の両社は（人員三百有余人）西陣に、有信、共耕、発陽、南州、の四社は（無慮四五百人）東陣に、双方鐘声を合図に、内には数十人の護郷《ごきょう》兵を残し、進撃隊後をも顧りみず敵陣に進撃す。旗本にては双方敵の進撃隊と余が護旗隊と腕を頼のみにして憤闘し、数時間を経るも未だ決せず、一時はさも西南の戦地にでも入りたる意地《ここち》せり。倒底黒白勝負なしに引分けとなりたり」、と。

大人どうしだからきわめて荒っぽい。そして、「旗」と「棒」の違いはある。しかし、現在の運動会の「棒倒し」につながる競技だったのは間違いない。

この運動会も全国各地に拡がり、競技種目もだんだんに拡充され、現在の運動会により近いものになっていく。それについては、本書第四章「栃木自由党」の節で、明治一六年の栃木での運動会の盛り上がりについてふれていきたい。

以上のように、土佐では、自由民権運動がさまざまな形で展開され、それが地域の民衆を広く組織し、そしてそれが全国各地へと拡っていくのであった。

三新法——「府県会」の意義

遠山茂樹は『日本近代史Ⅰ』(岩波全書)で、以下を強調する。

明治一一年七月、第二回地方官会議と元老院の審議をへて、郡区町村編成法・地方税規則・府県会規則の、いわゆる「三新法」が成立した。

地方税規則では、本来国庫負担となるべき費目が府県財政の負担とされ、それが府県財政の七〇%までを占めて財政を圧迫したという反面、郡区町村編成法では、今の町村長にあたる「戸長が公選」とされ、府県会規則では、地方税の予算・徴税方法を議定するものとして「公選の府県会」が設置された。これは、自由民権運動に対する譲歩であった。

府県会は、たちまち自由民権派の活動の拠点になった。後の「福島事件」を生む福島県会では、民権派議員の活動によって、予算の削減が、明治一二年度四〇・八%、一三年度二一・七%、一四年度二〇・三%に及んだ。これは、土木費・警察費などの国政委任事務費の支出項目が主として削減の対象で、地方自治の要求がその基礎にあった。「府県会」が

「人民の議会」として機能する可能性をもったのである。

それに対しては、明治一四年二月、政府は府県会の権限制限をもって対処し、府県会が議案を議定しない時は、府知事・県令は内務卿に具状し、その認可を受ければ施行しうるとする対抗措置をとった。これは例えば、後の福島事件で、県令三島通庸が、自由民権派が牛耳る福島県会に対抗する大きな武器となった。

しかし、それにしても府県会の活動は大きな意義をもつものだった。「府県会での闘争は、自由民権運動を士族中心のものから、広汎な農民各層を背景とする戸長・豪農中心のものへと転換せしめる力となった」。

「西南の役後のインフレの激化による農産物価格の昂騰があり、これが地主・富農や中農の生産者的商人的活動への意欲を膨張させ、彼らの視野を全国的な政治・経済にひろげさせた。民権派は、農民の負担とする地租や徴兵の問題を積極的にとり上げて宣伝した。農民は国税・地方税の協議権を国会開設に期待し、府県会の審議に求めた」。

「いずれにしても、中貧農層までもふくめた農民各層が、村や郡の範囲をこえた国全体の政治、国家の機構に発言する機会をもった影響は大きく、自由民権の理念をもって農民が自己の意識と行動とを理論武装する動きもあらわれはじめたのである」、と。

竹橋事件

明治専制政府は、地租改正反対一揆に対しては地租軽減という経済的譲歩を行い、西南戦争という士族反乱に対しては農民兵をもって鎮圧し、自由民権運動の民主主義的要求に対しては地方官会議・府県会をもって妥協した。

しかし、その対応全般を無意味にしてしまうかもしれないような突発事件が勃発した。明治一一年八月二三日の、竹橋事件がそれであった。

それは、近衛砲兵隊兵士の反乱であった。近衛砲兵隊は、西南戦争では田原坂の戦などで政府軍の主力となって戦功をあげ、「赤い帽子と大砲がなけりゃ」と謳《うた》われたエリートの精鋭部隊であった。その政府にとって「虎の子」の精鋭部隊が反乱を起こしたのである。結果的には失敗して鎮圧されたが、大砲まで持ち出そうとしての反乱であった。

その直接の原因は西南戦争の論功行賞への不満だったが、あきらかに明治維新の体験や自由民権運動の影響も強く受けていた。

被告は以下を語った。「近頃人民一般苛政《かせい》に苦しむにより、暴臣を殺し、以て天皇を守護し、良政に復したく」。「革命とは政府の不善なるを、他より起ちて改革するものにて、不良の事にあらず。たとえば王政維新の如きものなり。…故に革命は可なり、一揆は不可なり」、と。（『竹橋事件の兵士たち』）

山県有朋は、さっそく「軍人訓戒」を出して、こう戒めざるをえなかった。

「蝶々《ちょうちょう》論弁を逞《たくまし》うし、動《やや》もすれば時事に慷慨し、民権など唱え本分ならざる事を以て自ら任じ、武官にして処士の横議と書生の狂態を擬《ぎ》し…」、と。

軍人のエリートの間からさえ、自由民権運動に刺激された動きが起こったのであった。まさに、自由民権期を象徴する事件であった。

愛国社の再興

立志社をはじめとする土佐の民権政社の面々は、運動を全国に広げようと、活発な活動を展開した。それは明治八年に失敗した愛国社の再興という方向で行われた。

板垣は既に明治一〇年頃から愛国社再興の構想をもっていたともいわれるが、明治一一年四月二九日、この年九月の愛国社再興をめざし、遊説委員を各地に派遣した。杉田定一・安岡道太郎が紀伊及び西海道を、植木枝盛・栗原亮一が南海、山陰、山陽の遊説を担当した。

明治一一年九月一一日、大阪での愛国社再興大会が開会された。この会議によって、土佐以外にも雲州尚志社、熊本相愛社、名古屋の羈立社、伊予の公共社などが参加したが、その拡がりはまだ限定的なものだった。

明治一二年三月二七日、愛国社は第二回大会を大阪に開く。ここでも、参加者は八十余名、二十一社と増えたものの、まだ西日本中心の運動であった。ただここで、三河交親社の内藤魯一が参加していることは、中部・東海圏への拡がりをも示すとともに、その後の内藤魯一の活躍を見れば、大きな意味を持ったといえよう。

河野広中はこの大会に参加していないが、この年の八月に福島の三師社・石陽社の委員の任を帯びて二度目の土佐訪問をはたし、将来立志社と気脈を通じ、ともに行動しようと約束している。この時、広中は甥の河野広体《ひろみ》を伴っており、広体を立志学舎に入学させた（外崎前掲書）。河野広体は本書第三章で述べる福島事件に参加し、また第四章で詳述する加波山事件では中心メンバーとして活躍した人物である。

明治一二年一一月七日、愛国社は第三回大会を大阪に開く。ここには、先の約束にしたがって、河野広中が三師社・石陽社の総代として参加している。運動は東日本へも拡がったのである。また河野広中の建議で、東京に分社をおき、大会を大阪と東京で交互に開催することも決まった。

この明治一二年一一月の愛国社の第三回大会が、自由民権運動の高揚の画期となった。この大会に、立志社は「国会開設願望」への「署名運動」の方針を持ち込んだのである。この「署名運動」の意義が大きかった。運動はいよいよ全国に拡がっていくのである。

遊説のための主意書には、植木枝盛起草の「国会開設ノ願望致スニ付四方衆人ニ告クルノ書」が採択され、数千部を印刷して四方に配布した（外崎前掲書）。ここで、国会開設願望を、建白とするか、請願とするかも論議されたが、「国民は請願の権利ありとの議に據《よ》り」、「請願」とすることが決まった。また遊説委員として河野広中、杉田定一（越前自郷社）、北川貞彦（高知聯合各社）を選挙した。大会に参加した各政社も、全国を十区に分け、それぞれの地域を分担遊説し、国会開設の願望書への「賛同署名」を集めていくことも決まった。

外崎光広の『土佐の自由民権』は、この節を以下のように結んでいる。

「立志社はこの決定に基づいて、山田平左衛門と森脇直樹を九州に、山本幸彦と平尾喜寿を奥羽に、片岡健吉を東京に、坂本南海男を東京と北陸道に、弘田徹を東海道と長州に、桐島祥陽を山陰地方に派遣し、遊説させ、県内に社員を巡回させ、国会開設の願望についての演説をさせ、願望同意の人びとの署名調印を集めた」。

「これを契機に国会開設請願運動が全国的に展開され、自由民権運動が最高潮期を迎えるのだが、江村栄一『国会開設と憲法起草の運動』は、当時『請願書に署名した、あるいは委託した人数は三一万人をこえ』、しかも今後の研究の努力によっては『もっと増える可能性がある』と述べている。全人口三〇〇〇万の時代であり、その半数の一五〇〇万の婦人は社会的・政治的世界から除外されていたことや、学制が頒布されてから八年にすぎない国民の教育水準などをあわせ考えるならば、これは驚異的な人数である」と。

これだけの〝驚異的な〟署名運動の高揚の背景には、地租改正条例第八章の五年ごとの「地価改定」が、翌年明治一三年に迫っていた事情があった。当然、地租額が引き上げられることが想定された。全国の農民たちは切迫する危機を感じて、この国会開設請願署名運動に応じていったのである。

国会期成同盟

愛国社の第四回大会は明治一三年三月一五日から大阪で開催され、その名を「国会期成同盟」と改め、「最後に（国会開設の）願望書奉呈委員を片岡健吉、河野広中と為し、四月九日に至つて会議を終れり」。参加者は「二府廿二県八万七千余人の総代百十四名」であった（『自由党史』）。

「国会を開設するの允可《いんか》を上願する書」は、明治政府に対して以下を宣言する。

「地租を改正し地券を行へるものは、天下は天下の天下にして、政府の私有に非ざるが故にして、既に地券を発行すれば則《すなわち》国土は政府の私有に非ざること甚だ彰著《しょうちょ》也。国土既に政府の私有に非ざれば、則人民の身命財産も亦《また》政府の私有に非ざる也。人民の身命財産実に政府の私有に非ず、政府是等に就て租税を徴するは、人民の私有より徴すると言はざるを得ざる也」、と。（『自由党史』）

見事に、「人民の土地所有権」を謳《うた》い上げている。

「政府業既《すで》に地券を発行して、天下は天下の天下たることを明にすれば、則租税を天下に徴し、及び既に収めて国家の共有物と為れる所の租税金を処置するには、政府一己《いっこ》にして之を為す可き義あることなく、必ずや全国人民と共議せざるを得ざる可く、而して租税を全国人民と共議するには、国会を開設せざるを得ざる可ければ也。是れ其臣等が国会の開設を望む所以の六也」、と。(『自由党史』)

そしてそこから、見事に、人民の「租税共議権」と「国会開設」の必要を説いている。

服部之總は『近代日本のなりたち』で、この部分の引用を以て、「自由民権運動に農業綱領がないという人がある。とんでもないことで、…自由民権運動は、農業綱領を立派にもっている」、と強調する。

そして、「国会期成同盟規約緒言」は、以下を宣言する。

「夫れ国会は国家人民の会也。人民にして実に結合同心するが如きに至れば、政府決して国会を開設するを允《ゆる》さざるの事あらざるべく、国民の相合して而後政府にして国会の開設を允さざるあれば則是政府の国家に負《そむ》く也」、と。(『自由党史』)

「国会は国家人民の会」であり、その人民の国会開設要求を受け入れなければ、「政府の国家に負く」行為である。実に自信にあふれた堂々たる論法である。

さて、国会期成同盟の決定にしたがって、片岡健吉と河野広中は、「国会を開設するの允可を上願する書」をたずさえて、四月一七日まずは太政官にそれを奉呈した。

しかし、「立法に関する上書は、之を元老院に呈すべしと。問答数回、遂に要領を得ず。之より屡々《しばしば》太政官及び元老院の門に往反し、上書の路を求めしも、太政官は未だ政治に関する人民の請願書を受理する成規あらずと称し、元老院は建白の外一切受理せずと称し、共に却下して以て宸聴《しんちょう》に達するを峻拒《しゅんきょ》したり。甚《はなはだ》しきは吏胥傲言《りしょごうごん》して曰、人民に請願の権利無しと」、というありさまであった。片岡・河野は、五月一一日、「奔走二十余日、遂に上書の路全く絶え、退いて一篇の顛末書を作て、之を各地の人民に報ず」と、その任を断念せざるをえなかった。(『自由党史』)

しかし、この運動は決して無駄ではなかった。翌五月に至って、政府は、地租改正条例の第八章の「地価改定」の規定は、いま明治一三年には実行しない。次の五年目たる明治一八年まで現行のまま据え置く旨を、太政官布告第二十五号をもって公布したのである。当面、「地租増徴」の可能性がなくなったのである。(『近代日本のなりたち』)

これは自由民権運動の高揚に対する政府の譲歩であり、自由民権運動の最初の勝利であった(服部之總「自由党の誕生」、『著作集』第五巻所収)。

集会条例

こうした自由民権運動の高揚に狼狽した明治専制政府は、新たな弾圧法規「集会条例」を公布した。時あたかも、国会期成同盟大会が「将《まさ》に畢《おわ》らんとする」明治一三年四月五日のことである。以下『自由党史』から略述する。

「第一条　政治に関する事項を講談論議する為め公衆を集むる者は開会三日前に講談論議の事項講談論議する人の姓名住所会同の場所年月日を詳記《しょうき》し、其会主又は会長幹事等より管轄警察署に届出て其認可を受くべし」。

演説会が、認可制になったのである。「認可」するのは、「管轄警察署」である。

「第二条　政治に関する事項を講談論議する為め結社する者は結社前其社名社則会場及び社員名簿を管轄警察署に届出て其認可を受くべし」。

演説者が所属する団体も、「管轄警察署」の「認可制」になったのである。

「第四条　管轄警察署は第一条第二条第三条の届出でに於て国安に妨害ありと認むると

きは之を認可せざるべし」。

「国安に妨害」あるかどうかは、誰が判断するのか。「管轄警察署」である。

「第五条　警察署よりは正《（ママ）》服を着したる警察官を会場に派遣し其認可の證を検査し会場を監視せしむることあるべし」。

「第六条　派出の警察官は認可の證を開示せざるとき、講談論議の届出に掲げざる事項に亙《わた》るとき、又は人を罪戻《ざいれい》に教唆《きょうさ》誘導するの意を含み又は公衆の安寧に妨害ありと認むるとき、及び集会に臨むを得ざる者に退去を命じて之に従はざるときは、全会を解散せしむべし」。

この第五条、第六条が最も演説会に痛手だった。演説会には警察官が「臨監《りんかん》」することになり、その意のままに「弁士中止」「演説会解散」が命じられることになった。

「第七条　政治に関する事項を講談論議する集会に陸海軍人常備豫備後備の名籍にある者、警察官、官立公立私立学校の教員生徒、農業工芸の見習生は之に臨会し又は其社に加入することを得ず」。

聴衆にも厳しい制限が加えられ、特に教員・生徒の参加禁止は自由民権派に打撃だった。

以上、直接は演説会をねらい、自由民権運動全体の弾圧をねらう大悪法であった。

憲法草案の起草運動

国会期成同盟の第二回大会は、明治一三年一一月一〇日から東京で、「二府二十二県の同盟員無慮十三万余人を代表せる六十四名の委員」が参加して開催された。この大会では、「合議書数条を更定《こうてい》し、別に遭変《そうへん》者扶助法を設けて不慮に備へ」ることが決定された。（『自由党史』）

「更定合議書」は、以下を内容としている。

第一条　国会開設の為め茲《ここ》に合同する者を国会期成同盟と為し、国会の開設して其美果を見るに到る迄幾年月日を経るも敢て此同盟を解かざる可し

第二条　明治十四年十月一日より東京に会議を開く可し

第三条　来会迄には其府県国郡の戸数過半数の同意を得て出会するを目的とす

第四条　来会には各組憲法見込案を持参研究す可し

第五条　来会の会員は百人以上の結合ある者に限るべし

第六条　東京を中央本部と定め常務委員二名を置く可し

運動の全国的な高揚のさまが、まざまざと彷彿とされるものである。「其府県国郡の戸数過半数の同意を得て出会」とか、「来会の会員は百人以上の結合ある者に限る」とか、大変な自信の現れである。そして、とくに第四条「各組憲法見込案を持参研究す可し」が重要で、ここから各地で憲法草案が起草されていくのであった。

今日残っている憲法草案は全部で二十篇ほどで、代表的なものは、嚶鳴社の憲法草案、交詢社の私擬憲法案、立志社の日本憲法見込案、植木枝盛の東洋大日本国々憲案である。このうち、嚶鳴社の憲法草案と交詢社の私擬憲法案は漸進主義的で二院制をとり、立志社の日本憲法見込案と植木枝盛の東洋大日本国々憲案はより急進的で一院制をとっていた。このうち植木枝盛の東洋大日本国々憲案については、次々節で詳しく紹介したい。

これらはいずれも急進的知識人の手によるものだったが、変わったところでは東京でも多摩の片隅で起草された「五日市憲法草案」を紹介したい。小学校教師の千葉卓三郎がまとめ役になったとはいえ、「五日市学芸講談会」に集う地域の青年の集団の議論のなかから生まれたものである。学芸講談会では、必ず全ての会員に「回状」で次回の討論テーマを事前に知らせて、準備させた。明治一四年八月二七日の「回状」は以下である。

「来る九月五日討論会議題預定する左の如し。〇一局議院の利害。〇米穀を輸出するの得失。〇死刑廃すべきか」。いずれも全国家的な重要問題の検討・議論であった。

この「回状」には、この前に二十六名の学芸講談会員の、読んだ印のチェックの入った名前が記される（『民主憲法の父・千葉卓三郎』）。こうしたテーマを、一人一人の学芸講談会員が事前に考えて、議論していく。そのなかから「五日市憲法草案」は生まれた。

「遭変者《そうへん》扶助法」は、以下である。

「同情相憐《あわれ》み同感相愛するは人の性《せい》なり。故に弱《よわき》を扶《たす》け貧を救ふは吾人の當《ま》さに盡《つく》す可き所の義務なり。況《いわん》や身を犠牲に供し、国家の公益を計畫《けいかく》するが為め、不時の変故に遭遇するものを扶助するに於てをや。…是則我党が変故に遭遇する者の為めに扶助法を設《もう》くる所以なり」とはじまる。要するに、明治専制政府による弾圧にあった犠牲者の家族に対し、「救助金を醵集《きょしゅう》」しようというのである。

注目すべきはその第四条で、「我同盟者にあらざる者も我輩と同主義にて変故に遭遇し扶助すべきと認むる者」にも援助の手をさしのべようとしていることである。

さて、この大会で、植木枝盛は国会期成同盟を政党に改編し、名称を「自由党」としようという提案をした。しかし、この提案は大会全体の容れるところとはならず、有志だけで数回集まって、一二月一五日に「自由党結成の盟約」を制定した。『自由党史』の記すその「有志」とは、河野広中、山際七司、松田正久、内藤魯一、沼間守一、山田平左衛門、森脇直樹、島地正存、植木枝盛、林包明等であった。

その「盟約」とは、以下である。

第一条　我党は我日本人民の自由を拡充し権利を伸張し及び之を保存せんとする者相合して之を組織するものとす

第二条　我党は国の進歩を図り民人の幸福を増益することを務むべし

第三条　我党は我日本国民の當《まさ》に同権なるべきを信ず

第四条　我党は我日本国は立憲政体の其宜《よろ》しきを得るものなるを信ず

以上、まことに明快なものであり、翌年結党される正式な自由党の「盟約」につながるものであった。

明治一四年一〇月の自由党の結党は、「明治十四年の政変」によって、いわばタナボタ式にもたらされたものだという言い方がよくされる。しかし、この明治一三年の一一月の国会期成同盟の第二回大会の盛り上がりを見る時、国会期成同盟の側にも十分にその条件が育っていたという側面も見落としてはならないと考える。

仏蘭西《フランス》学派の新旌旗《せいき》——「自由党の別働」

明治一四年になると、それまで専らベンザム、ミル、スペンサーらの「英国の学説を祖《そ》述《じゅつ》」してきた自由民権運動に、ルーソーらの「仏蘭西《フランス》学派の自由主義」が「一異彩」として加わっていった。『自由党史』は、それを「仏蘭西学派の新旌旗《せいき》（はた）」の小見出しをつけて紹介し、「国民の思想は一段大に靈活《れいかつ》を逞ふせり」と高く評価する。

明治四年の岩倉使節団に随行した土佐出身の中江兆民は、フランスにとどまってルーソーらの思想を学び、既に明治七年に帰国して東京に「仏学塾」を開き、ルーソーらの思想を青年たちに広めていた。

そこに明治一四年、パリ留学から西園寺公望が帰国した。西園寺は華族の出だが、フランスでルーソーらの思想にふれ、「自由民権の木鐸《ぼくたく》を執《と》るに至りて」、中江兆民、松澤求策とともに三月一八日に『東洋自由新聞』を創刊した。社長は西園寺公望、主筆は中江兆民であった。自由民権運動の幅広い連合戦線であった。

それに驚愕した岩倉具視は、西園寺公望の実兄徳大寺實則をとおして西園寺を説得し、「勅命」によって四月一二日、西園寺に『東洋自由新聞』の社長を罷《や》めさせた。『東洋自由新聞』も六月には廃刊にいたった。せっかくの自由民権運動の幅広い連合戦線の芽が、極反動の岩倉具視によってつぶされたのである。

しかし、『自由党史』はこう記す。

中江兆民はその後も、「仏学塾」で「其の自由主義を講ずるや、専らルーソーの民約論を祖述し、人爵《じんしゃく》を排し、階級を撃ち、議論奔放、天馬の空《くう》を行くが如く、青年の徒、風《ふう》を聞いて来り遊ぶ者多し。後ち『政理叢談《せいりそうだん》』なる雑誌を刊するに及んで、純理を楯《たて》とし、秕政《ひせい》を培撃《ばいげき》して余力を假《か》さず、以て講壇自由主義の精華を揚げ、自由党の別働として、抜戟《ばつげき》一隊を成せり」、と。

『自由党史』は中江兆民の活動を、「自由党の別働」として高く評価しているのである。「自由党とフランス流の共和制の関連」について、示唆に富む一節であろう。

そして、あの初期社会主義運動の中心メンバー、大逆事件で犠牲になった幸徳秋水は、この中江兆民の弟子であった。「自由民権運動の社会主義運動への継承」という問題についても、示唆に富んだ一節である。

植木枝盛の憲法草案と「日本国憲法」

さて、前々節に見たように、明治一三年一一月の国会期成同盟の第二回大会以来、各地で憲法草案の作成が進んでいくのだが、ここでは植木枝盛起草の「東洋大日本国々憲案」を紹介したい。条文のカタカナはひらがなに直し、適宜句読点を付して引用する。

植木枝盛の「東洋大日本国々憲案」は以下のように始まる。

「第一編　国家の大則及権利」。

第五条　日本の国家は日本各人の自由権利を殺滅する規則を作りて之を行ふを得す

第六条　日本の国家は日本国民各自の私事に干渉することを施すを得す

以上のように、まず国民の権利への国家の干渉を排除する。

「第二編　聯邦《れんぽう》の大則及建言 竝《ならび》に各州と相関する法」。

第八条　日本聯邦に大政府を置き聯邦の政を統《すべ》ふ

第九条　日本聯邦は日本各州に対し其州の自由独立を保護するを主とすへし

以上、州の「自由独立」にもとづいた「連邦制」を主張する。ここにその国家観がよく現れている。

「第四編　日本国民及日本人民の自由権利」。

第四十二条　日本の人民は法律上に於て平等とす

第四十三条　日本の人民は法律の外に於て自由権利を犯されさるへし

第四十九条　日本人民は思想の自由を有す

第五十条　日本人民は如何《いか》なる宗教を信するも自由なり

第五十一条　日本人民は言語を述《の》ふるの自由権を有す

第五十二条　日本人民は議論を演《の》ふるの自由権を有す

第五十四条　日本人民は自由に集会するの権を有す

第五十五条　日本人民は自由に結社するの権を有す

第五十九条　日本人民は何等の教授をなし、何等の学をなすも自由とす

第六十三条　日本国民は日本国を辞すること自由とす

以上、実に充実した「自由権」の主張である。そして、その冒頭に、「平等権」も主張している。植木の「自由権」は、「平等権」をも含むものであった。

第六十四条　日本人民は凡《およ》そ無法に抵抗することを得《うる》

第七十条　政府国憲に違背するときは日本人民は之に従はざることを得

第七十一条　政府官吏圧制を為すときは日本人民は之を排斥するを得。政府威力を以て擅恣《せんし》暴虐を逞《たくまし》ふするときは、日本人民は兵器を以て之に抗することを得

第七十二条　政府恣《ほしいまま》に国憲に背き擅《ほしいまま》に人民の自由権利を残害し建国の旨趣を妨ぐるときは、日本国民は之を覆滅《ふくめつ》して新政府を建設することを得

以上、よく引用される「抵抗権」・「革命権」の条文である。それが「日本国民及日本人民の自由権利」という「自由権」の一環として主張されていることにも注目したい。

「第五編　皇帝及皇族摂政」。

第九十五条　立法院の議決したることにして皇帝之を実施し難《がた》しと為すときは、議会をして之を再議せしむるを得。(但し) 皇帝はその由を詳説陳弁せざる可らず

皇帝の権限にも制限を加え、議会に対して誠実な態度をとることを求めている。

「第六編　立法権に関する諸則」。

第百十四条　日本聯邦に関する立法の権は日本聯邦人民全体に属す

まず立法権は「人民全体に属す」とした上で、次ぎに「聯邦議員」の権限を規定する。

第百三十九条　聯邦立法議員は其職を行ふに附き発言したる意見に就て糾治《きゅうち》検索せらるることなし
第百四十一条　聯邦議員は聯邦人民之を直撰す
第百四十六条　聯邦の立法議員は三年を一期とし三年毎に全員を改撰す
そして、「立法会議」には、以下のように、皇帝を上回る権限を与えている。
第百五十条　議事の多少に依り皇帝は時々期日を伸縮するを得。然れとも議員過半数の同意あるときは皇帝の命ありと雖とも議会其伸縮を定む
第百五十六条　立法会議皇帝の為に解散せられ皇帝国法の通りに復立せざる時は、解散せられたる議会は自ら復会するを得
第百六十四条　聯邦立法院の決定する所にして皇帝準許《じゅんきょ》せさることあるときは立法院をして之を再議せしむ。立法院之を再議したるときは議員総数過半数以上の同意あるを見れば更に奏して必す之を行ふに定む
最後に「附則」。
第二百二十条　日本国憲法施行の日より一切の法律条例布告等の国憲に抵触するものは皆之を廃す

以上、植木枝盛の憲法草案が、「対政府」という点では、「抵抗権」・「革命権」が明記されているのは、誰もが指摘されてきたことである。「皇帝」との関係はどうか。もちろん、「皇帝」の存在そのものを否定している訳ではない。その意味では、共和制とは言えないだろう。しかし、皇帝の権限も、実に慎重に押さえ込んでいることにも注目したい。余り注目されなかったように思うが、第百六十四条など、「立法院」の「議員総数過半数」の権限の方が、「皇帝」の権限を上回ると読み取れる。いわば「象徴天皇制」にまでは到達していたのではないか。

さて、本書の「はじめに」で記したように、一九八一年、一九八四年、一九八七年と、三回にわたって『自由民権百年』の全国集会が開催された。その最大の成果の一つが、こうした植木枝盛などの憲法草案が、今の日本国憲法に結実していることを皆で確信しあったことにあった。

衆知のように、今の日本国憲法は一九四五年の日本の敗戦によるアメリカ軍の占領下において、GHQによって時の日本政府に「英文」で手交され、それを翻訳して政府原案として、最後の帝国議会に提出され、その審議をへて一九四六年一一月三日に公布されたものである。その形式だけを見れば、明らかに「押しつけ憲法」である。

しかし、GHQの英文草案の背後には、高野岩三郎、鈴木安蔵らによる「憲法研究会」の日本国憲法の素案があり、その原形は植木枝盛らの自由民権期の憲法草案にあった。

『自由民権百年』の運動の中で、鈴木安蔵は亡くなる二年前の一九八一年五月、インタビューに答えて以下を語っている。（冊子『自由民権百年』第三号）。

「先生の憲法研究会案と民権研究の関係はどのように」と問われ、

「私はずっと自由民権を、その史料をあさっていたからね。明治一三、四年頃の父祖たちが苦心してつくった草案は参考にした。…ちょうど帝国議会五十周年記念のときに、僕ら憲政史編纂の調査委員になったから、やっぱり土佐へ行ってみなけりゃいかんということになった。そのころ史料的なものは『自由党史』以外には全然ないんだから。行ってみたらいやもうたくさん、植木枝盛のものやなんかね、びっくりするくらいにね」。

「自由民権運動は短かったけれどもホントに命はって、身体をはってやってね。ポツダム宣言でいう〝民主主義的傾向の復活〟なんてことは、実はあの自由民権運動と社会主義運動にあってね、日本国民の近代の歴史の中に、そういう闘いがなかったわけじゃない。自由民権運動にはヨーロッパなみの本格的な闘いがあったということを認識して、調べてみるとたくさん抵抗権の思想がある。我々の父祖たちがこういうレベルにまで達しておったんだと非常に高く評価したわけなんです」。

「総司令部に提出された憲法研究会案をラウレルが詳細に検討し、それをホイットニーに報告して、マッカーサー草案に大きな影響を与えたといわれていますが」と問われ、

「彼らの立場からいってね、天皇を象徴化してしまうような、この程度の民主的な案が日本の国民の間から出たということは、拍手喝采だったろうと思うんだ。他にないしね。それでラウレルなんかは非常によく利用した。僕らの提出したものは、日本文だったが、マッカーサー司令部では全部英訳してね、参考にしてますわね」。

「ＧＨＱがマッカーサー草案を日本政府に手交するときに、もしうけいれないなら公表し、日本国民の自由な討議にゆだねる、という発言をホイットニーがしていますが」という問にはこう結ぶ。

「それはね、アメリカの占領軍の方が日本の軍人による占領なんかにくらべて、はるかに国民大衆のそういうものを理解していますからね。彼ら自身の内部にね、一国の憲法が占領軍の力によってできるということは憲法の性質上望ましくない、と。また長続きするものではない、とそういう議論があったわけですからね。できるだけ日本政府自身に自発

的につくらせるという方針をとったわけですよ。これは、りっぱだったと思うんですよ。ところが幣原《しではら》内閣にそういう観念がないから、宮沢俊義ほか帝国大学の教授連中を集めて草案を作るが、こういう連中もこんな観念ないからね、ホントに民主的な憲法草案は答申しないわけですよ。そうやってできた草案を持って行くわけだから、マッカーサー司令部はあきれかえったわけでしょう。…政府がもたもたしてるんなら、直接国民にぶつけてやれば、国民はついてくるという確信をもったんじゃないかと、僕はこう思うね」。

「今日、そういう事情を知らない連中がね、今の憲法は押しつけ憲法だなんていうけれども、それは今まで述べてきたようないきさつからしてね、まさに国体護持派、天皇制主義者、軍国主義者にとっては、〝押しつけられた〟憲法でしょう。だが私は押しつけられた憲法とは全然考えていない」、と。

要するに、今、私たちが享受する日本国憲法の恩恵も、まさにこの自由民権運動によっているのである。植木枝盛などの憲法草案をもとにした鈴木安蔵らの憲法研究会案が、いったん英文に翻訳された後、もう一度日本語に翻訳し直されたとはいえ、今の日本国憲法が、その「文体」まで、植木枝盛の憲法草案とそっくりなのは、決して偶然ではない。そして何よりも、「当時の日本国民」に〝大歓迎〟されるべき実質を備えていたのである。

福島三春の正道館

さて、話は福島の三春にとぶ。河野広中の出身地である三春町では、明治一四年六月、自由民権派の学校として「正道館」が誕生した。以下、『三春町史』にそれを見よう。

正道館は、明治一四年一月に自由民権派の戸長松本茂が町議会に諮《はか》り、その議決を得て、二二一七円余もの町費で設立された自由民権派の公立学校である。学んだものは十五歳から十八歳の青年が中心であるから、ちょうど今でいえば、「公立高校」にあたる。校舎は旧三春藩校の跡地を利用したから建設費はゼロ、一公立高校としては今もうらやむ潤沢な資金だった。だから、「研究科程の書籍は無料にて貸附」し、つまり教科書は「無償」と今日の公立高校よりも進んでいた。

土佐の「立志学舎」が旧藩主山内家から二万円の拠出を受けて出発した「私立」であるのに対して、「公立」の「正道館」はもっと進んだ形態であったとも言えるかもしれない。

「正道館創立委員」には春山伝造・安積三郎・田母野秀顕の三名が推された。

明治一四年四月、安積三郎は正道館の講師を招聘するため上京し、土佐の片岡健吉の推薦によって、「立志学舎」の卒業生の西原清東・弘瀬重正の二名を正道館の講師に招いた。両名はともに二十三歳、若き俊英であった。両名に正道館が払った月給は十円。四十歳代の三春警察署長の月給も十円であったことを考えると、かなりの優遇といっていいだろう。両名は館生からは「席頭《せきとう》」つまりリーダーとよばれ、正道館に寄宿して、全寮制の館生たちと生活をともにした。若き講師だからできたことだろう。

正道館の学習内容は政治・法律・歴史が中心となり、それに弁論術が重視されていた。正道館は全寮制を原則とし、時には夜を徹して、弁論が熱っぽい口調でたたかわされた。授業は一時間ずつのこまぎれの時間割ではなく、油が乗れば三時間でも四時間でも連続して熱っぽく政論を弁ずるという風で、「縷々《るる》数千限（言）、懇々《こんこん》幾時間」に及んだという。今日の高校では、とても真似の出来ないところである。

「教科書無料貸附」を謳うからには、膨大な書籍を、かつ複数部数そろえる必要がある。正道館は、東京や福島町から膨大な量の書籍を買い込んでいる。その代金の受領書から複数部数を買い込んだものだけを以下にあげる。

「高校」だから、「大学」の「立志学舎」とちがって「原書」ではないが、

『国際法外六品』（二十三部）　『欧羅巴《ヨーロッパ》文明史』（十四部）　『西洋品行論』（十二部）
『英地学初歩』（十部）　『刑法論』（九部）　『民法論』（六部）
『自由原論』（五部）　『代議政体論』（五部）　『政理論』（五部）
『万国政体論』（五部）　『自治論』（五部）　『斯氏教育論』（五部）
『英理学初歩』（五部）　『立法論総』（三部）　『泰西名士鑑上』（三部）
『自由之理』（三部）　『英文典』（三部）　『国法汎論』（二部）
『政法論』（二部）　『万国史』（二部）

と、以上のように実に多岐にわたり充実している。その代金の合計は数百円に及ぶ。

また、正道館は付属機関として、三春町ではじめての活版印刷所を併設した。その交渉には田母野秀顕があたり、福島町の印刷業者竹内専蔵から印刷機械・活字・その他の付属品いっさいを購入して、「三春活版所」を正道館に併置した。その購入には、運搬費を合わせて九〇〇余円という大金が投じられた。当時は希少だった活版技術者には月給十二円と、西原・弘瀬両講師よりも高給を払った。なみなみならぬ力の入れようである。なお、竹内専蔵は福島県で最初の印刷業者で、明治一五年七月から短い間だったが植木枝盛が主筆をつとめたことで知られる『福島自由新聞』の印刷も行った自由民権派であった。

正道館はこの「三春活版所」から、明治一四年暮れから翌年春にかけて、民権広報誌の『三陽雑誌』を、四号にわたって発行した。編集長は、正道館生の中ではやや年長だった琴田岩松である。琴田岩松は後の加波山事件に際し、すでに成人していたため、死刑になっている。

また、正道館ではこの活版所で土佐の『民権かぞへ歌』の歌詞を印刷して、町中の子供たちに配ったという（高橋哲夫『三春正道館』）。子供たちへの働きかけも行ったのである。

明治一五年一月、在任わずか八か月で西原・弘瀬両講師は土佐に帰ったが、二月にその後を慕って、正道館生の五十川元吉・山口守太郎・栗原足五郎の三名も土佐におもむいて立志学舎で学んでいる。

さて、本書第三章で詳述するように、明治一五年二月、薩摩出身の三島通庸が福島県令として着任する。福島事件の始まりである。翌三月、三島県令によって正道館も閉鎖を命じられる。それに抗議した松本茂戸長は軽禁固二カ月、罰金十円に処せられた。

若き館生たちは四、五月以降は直接街頭におどり出て政談演説会の弁士となり、あるいは党幹部の側にあってその手足となるなど、いわゆる「田村壮士」（三春は田村郡）として、闘いの実践の場に踏み込んでいった。学習の場正道館は、そのまま実戦の前線に変質し、ここに学塾正道館は事実上その業務を終息したのである。

正道館の「館生名簿」が発見されず、在籍者は明らかでない。しかし、二次史料から、

佐藤万吉　菅谷足太郎　中島松吉　琴田岩松　河野広体　中条信衛　五十川元吉

山口守太郎　栗原足五郎　天野市太郎　大高末時　依田　某　武藤久松

などが在籍していたことは確実である。彼らは、本書第三章に見るように、明治一五年の福島事件では演説会の「弁士」や会津支援の「民権壮士」として活躍し、本書第四章に見るように、明治一七年の加波山事件ではその「主力メンバー」となっていった。

そして、正道館の残したものは、この館生たちだけではない。莫大な投資をした「三春活版所」は、事実上の「町営印刷所」として活用された。その借料はわずかに「月壱円」という安さであった。まさに、町民たちの広い活用に供されたのである。

膨大な量の書籍は、その後は「町営」の「書籍館《しょじゃくかん》」（図書館）の設立に活用された。『三春町史』はこの節を以下のように結んでいる。

「今から九十年も前に（『三春町史』は一九七五年刊行）、専任職員と寄宿舎をもつ公費による書籍館（図書館）を発足させたことは、福島県はもとより、全国的にみても珍しいこと

といわなければならないだろう」、と。

このような、公立高校が、自由民権運動の中では、存在し得たのであった。

大隈重信の国会開設の建議

明治一四年三月以来、政府内で大隈重信と、伊藤博文・岩倉具視との対立が顕在化する。大隈重信は早期の国会開設を主張し、もちろん岩倉具視や伊藤博文はそれに猛反発した。

大隈は明治一四年三月、以下の「建議書」を提出した。『自由党史』は、その後の自由党と立憲改進党の不幸な対立を反映して、「毫《ごう》も主義節操なく、其心機転換の余りに速かなるを見て、…（世人）其薄志弱行を笑はざるは無し」と酷評するが、『大隈重信関係文書』からしっかり引用してくれている。

「建議書」は、「国議院を開立せらるゝの時機稍々方《ようようまさ》に熟すと云ふも可なり」と始める。

「立憲政体の妙用は其実にありて、其形に存せず。立法司法行政の三権を分離し、人民に参政の権理を付与するは、是れ其形なり。議院最盛の政党の領袖《りょうしゅう》たる人物を起用して、之を顕要の地位に置き、庶政を一源に帰せしむる者は是其実なり。若《も》し其形を取りて而て其実を捨てば、立憲の治体は徒《いたずら》に国家紛乱の端緒を啓《ひら》くに足るのみ」。

「三権分立」も「参政権」も形だけではダメで、「議院最盛の政党の領袖たる人物」を「顕要の地位」に登用して、はじめて「立憲政体」の「実」が完成するというのである。

さらに、以下のように続ける。

「政府の顕官には議院中なる多数最盛政党の領袖たる人物を任用あらせられざるを可らず…内閣を新に組織するに當ては、聖主の御親裁《しんさい》を以て、議院中に多数を占めたりと鑒識《かんしき》せらるゝ政党の首領を召させられ、内閣を組立つべき旨《むね》を御委任あらせらる可し」、と。

要するに、単に国会開設を主張したのではなく、「多数最盛政党の首領」に、「内閣」を組織させるという、いわば「議院内閣制」を主張したのである。

これは大変なことである。後年の「大日本帝国憲法」のもとでも、一九一八年の原敬内閣の成立まで、この「議院内閣制」を獲得するために、政党人がどれだけの苦労したかを考えられたい。それを、いとも簡単に言ってのけたのである。

さらに、「本年（一四年）を以て憲法を制定せられ、十五年首《はじめ》若しくは本年末に於て之を公布し、十五年末に（撰挙をして）議員を召集し、十六年首を以て初めて開立の期と定められんことを冀望《きぼう》す」と、その早期実現のスケジュールまで明記するのである。
政府内部にも、このような意見が出てきたことの意義は、非常に大きかった。

明治十四年の政変と国会開設の詔

政府内での厳しい対立のなか、明治一四年七月北海道開拓使官有物払い下げ事件がおきる。明治四年の北海道開拓使設立以来一四〇〇万余円もの巨費を投じてきた工場・船舶・倉庫・牧場などの開拓使官有物を、一四年の開拓使廃止に際し、わずか三八万余円で、しかも無利息三〇カ年賦で払い下げようというのである。薩摩出身の開拓使長官黒田清隆と、同じく薩摩出身の政商五代友厚らの間で仕組まれた、一大汚職事件であった。この情報を新聞などにリークしたのは、大隈重信ではないかといわれた。

世論はこれに憤激した。『京浜毎日新聞』、『郵便報知新聞』、『大阪朝日新聞』といった反政府系新聞社のみならず、「半官報」と見なされていた『東京日日新聞』までが、払い下げ反対の論陣を張った。

折から、先に述べたように、国会期成同盟は前年の大会で、次回の大会を一〇月一日から東京で開催すると決めていたため、その準備に板垣退助は九月一六日に東京新橋に到着した。そこには、沼間守一の「嚶鳴社《おうめいしゃ》」、中江兆民の「仏学塾」、馬場辰猪・大石正巳の「国友会」、田口卯吉の「東京経済雑誌」、福沢諭吉の「交詢社《こうじゅんしゃ》」、などなど大隈派を含めて広範な団体が代表を出して大歓迎した。

板垣派は、一〇月一日より「国会期成同盟及び（植木派の）自由党合併の協議を開く」「日を刻して將に合同の大会を開かんとす」（『自由党史』）と勢いに乗った。

こうした状況におされ、明治政府は一〇月一二日、ついに「国会開設の詔勅」を出した。「將《まさ》に明治二十三年を期し議員を召し国会を開き以て朕が初志を成さんとす」、と。

もちろん、以下のような「脅し」を付け加えることも忘れなかったが。

「若《も》し仍《な》ほ故《こと》さらに躁急《そうきゅう》を争ひ、事変を煽《せん》し、国安を害する者あらば、處するに国典を以てすべし」、と。

政府の対応には、以下の認識があった。一〇月七日付の井上毅の岩倉具視宛意見書。

「此の勅諭は假令《たとい》急進党を鎮定せしむること能はずとも、優に中立党を順服せしむべし。全国の士猶《なお》中立党多し。今此挙あらざれば彼等も変じて急進党となること疑いなし」と。

自由民権運動の大攻勢への、万やむを得ざる緊急の「譲歩」だったのである。

他方で、大隈重信は強制的に参議辞職に追い込まれた。前節で見たように、大隈の建議は、ある意味では板垣派より過激だった。岩倉具視・伊藤博文としては、看過するわけにはいかなかったのである。自由民権派に対し、「国会開設の詔勅」がアメなら「大隈罷免」はムチであった。政府はそれで何とか乗り切ろうとした。大隈は、やむなく「アルコール中毒」を理由に辞表を提出した。大隈のせめてもの、ささやかな抗議と抵抗であった。

そしてもちろん、北海道開拓使官有物払い下げは、中止せざるをえなかった。

以上が、明治十四年の政変であった。

自由党・立憲改進党の結党

「国会開設の詔勅は恰《あたか》も自由主義同志の会合中に渙発《かんぱつ》せられたり。人心爰《ここ》に倍々《ますます》奮興し」（『自由党史』）という状況の中で、国会期成同盟と植木枝盛の自由党の面々は、一〇月一八日より連日の会議を浅草井生村楼において開催し、一〇月二九日には本部役員を公選して、ここに正式な「自由党」が結党された。
その「盟約」は以下である。
第一章　吾党は自由を拡充し、権利を保全し、幸福を増進し、社会の改良を図るべし。
第二章　吾党は善良なる立憲政体を確立することに盡力《じんりょく》すべし。
第三章　吾党は日本国に於て吾党と主義を共にし目的を同じくする者と一致協合して、
　以て吾党の目的を達すべし。
「自由」・「権利」・「幸福」・「社会の改良」・「善良なる立憲政体」、その主張するところは実に明瞭である。また、明白に共和制を主張している訳ではないが、逆にいえば、少なくとも「帝室」とか「王室」を「尊重する」、とかの言葉は使っていない。フランス流の共和制に近い、急進的自由主義といわれる所以である。
本部役員には以下のメンバーが選ばれた。
総　理　板垣退助
副総理　中島信行
常議員　後藤象二郎・馬場辰猪・末広重恭・竹内　綱
幹　事　林　包明・山際七司・内藤魯一・大石正巳・林　正明

一方、翌一五年三月一四日には、下野した大隈重信を党首として「立憲改進党」も結党された。その「趣意書」は、こう結ばれる。

吾党は帝国の臣民にして左の冀望《きぼう》を有する者を以て之を団結す。
一、王室の尊栄を保ち人民の幸福を全《まっと》ふする事
二、内治の改良を主とし国権の拡張に及ぼす事
三、中央政府の政畧を省き地方自治の基礎を建つる事
四、社会進歩の度に随《したが》ひ選挙権を伸闊《しんかつ》する事（以下略）

自由党とは対照的に、「王室の尊栄を保ち」が、「人民の幸福」の前にきている。また、「臣民」という言葉や、「国権の拡張」という言葉を使っている。

イギリス流の漸進主義的な立憲君主制を理想とする性格がよく出ている。

いずれにせよ、自由民権運動を担う二大政党が出そろったのである。

自由党は地主・豪農層を中心に党勢を拡大し、全国各地に党の地方部＝支部を置いて、本部と地方部が密接に連絡を取り合うことで運動の広がりを作っていった。それに対し、立憲改進党は、都市の商工業者、地方の資産家、知識人層を基盤とした。

吾死スルトモ自由ハ死セジ

明治一五年四月六日、岐阜を遊説中の板垣退助が、右翼主義者の暴漢に刺されるという事件が起こった。

その時、板垣が『板垣死すとも自由は死せず』と叫んだと、『自由党史』が伝えているのは、余りにも有名である。

外崎光広は『土佐の自由民権』で、その直後の四月一〇日付の「探偵上申書」を紹介している。一番近くにいた人物の目による証言である。

それによれば、板垣は刺されたときに、『吾死スルトモ自由ハ死セジ』と叫んだという。『自由党史』の伝えるところとは少し異なるが、板垣がこの類いのことを叫んだのは事実のようである。

幸いにして板垣は軽傷で、命に別条はなかった。

なお、この「探偵上申書」でも、暴漢の取り押さえには内藤魯一が大活躍している。

『自由党史』の伝える「内藤魯一、驀奔《ばくほん》し来り、直に凶漢の領《うなじ》を攫《つか》んで何する乎《か》と言い、仰向《あおむけ》に之を倒す」という活劇のようすも、正しいようである。

内藤魯一は元三河板倉藩家老という典型的な士族民権家で、自由党急進派の一員として知られ、また影山流居合の達人という武術家でもあり、自由党武闘派の中心にあった人物であるとしてよいだろう。本書第四章で詳述するように、内藤魯一は自由党本部の「壮士養成所」である「有一館」の館長として、加波山事件にも深くかかわっていく。

酒屋会議

明治政府の度重なる酒税値上げに対し、植木枝盛が中心になって、酒造業者を集めて反対運動を起こしたのが、酒屋会議である。

『自由党史』は特に一章を設けてそのようすを克明に記している。まず章の冒頭では、「今迄常に国事を傍視《ぼうし》して、政令の是非を問はず、唯々諾々《いいだくだく》惟《こ》れ命《めい》、之を奉じたる実業家の人々も、漸く睡眠より醒覚し、我国家は必ず吾手に頼《より》て経営すべき所以の理を頓悟《とんご》するに至れり。是に於て酒屋会議なる者、忽《たちま》ち大阪に起る、実に明治十五年五月なり」、と。酒屋会議を、「実業家の覚醒」として、高く評価するのである。

明治一五年四月、板垣退助を岐阜に見舞った植木枝盛は、その帰りに大阪から酒造業者招集の広告を全国の新聞各紙に載せた。

「来る五月一日より、大阪に於て酒屋会議を開くべきに付き、全国酒造営業人諸君には右日限を期し、御来会下されたく候」、と。

四月二七日、さっそく大阪警察署はこの酒屋会議の中止を命じてくるが、それに構わず植木らは五月四日、淀川に浮かべた船の上で四十余名で会議を開き、一〇日には京都祇園の中村楼で会議を開いて以下を決定した。「第一条　酒税減率の建白書を作り、今回会同したる者の連帯にて之を元老院に差出す事」、と。

この運動は、酒税の減免という点では実らなかったが、

「酒屋会議有りて以来、商工業者を提醒《ていせい》する所尠《すくな》からず、往々政党に加盟する者を生ずるに至る。而して此挙専ら自由党同志の首謀に成れり。…所謂実業家の運動なるもの、之を其権與《けんよ》（はじまり）なりとす」（『自由党史』）という成果を上げた。

茨城潮来《いたこ》の大酒造家、磯山清兵衛はこの酒屋会議で活躍して投獄され、後に自由党幹部

になっていった。典型的なブルジョアジー出身の民権家である。そして、内藤魯一と同じく自由党本部の「壮士養成所」の「有一館」の幹事（館長内藤魯一に次ぐナンバー・ツー）として、本書第四章の加波山事件とも深くかかわっていく。

家永三郎の『植木枝盛研究』は、「産業資本家を民権運動に動員したのは、…日本における民主主義の成長過程における貴重な実験であったと認められる」と、この酒屋会議を高く評価している。

新聞の葬式

こうした運動の高揚に対して、政府はますます弾圧を激しくしてくるのだが、それに抵抗した面白い事例を、外崎光広の『土佐の自由民権』から紹介したい。

明治一三年発行の土佐で初めての日刊紙『高知新聞』は、植木枝盛が大阪から持ち帰った『愛国新誌』と合併し、自由民権派の機関紙へと変身して、明治一四年八月一日からは社長片岡健吉、主幹植木枝盛の陣容で発行していた。政府の激しい弾圧に対抗するため、

『土陽新聞』『高知自由新聞』『江南新誌』を最初から身代わり紙として準備し、発行停止処分を受けた場合は、ただちに身代わり紙で発行を続ける作戦だった。

こうしたなかで、『高知新聞』は明治一五年七月一四日に発行停止処分を受けた。「欽定憲法ノ不善ナルヲ論ス」という社説が引っ掛けられたのである。

翌一五日には、本町の西洋料理店「自由亭」から「絶命の見舞」に、「ビステキ十人前」が編集局に届けられたという。

そして、『高知新聞』に代った身代わり発行の『高知自由新聞』は、『高知新聞』の死亡と、一六日に「高知新聞の葬式」を行うことを広告した。『高知自由新聞』の伝える、その「葬式」の模様は以下である。長文になるが、引用したい。

「葬儀は仏式によったのだが、各民権結社の総代は礼服を着用して新聞社に集合、床の間の正面に発禁号を入れた柩《ひつぎ》を安置し、香をたき花を飾り、午後二時出棺した。葬列の先頭には忌中笠をかぶった各社の壮士が四列に並び、竿の中央につり下げた各社の徽章の入った旌旗《せいき》（はた）数十流・高張燈灯・香爐箱・蓮花・新聞紙をはりめぐらした位牌・僧侶と続き、左右の天蓋の代りに『寂滅為楽諸行無常高知新聞紙の霊』と書いた旗をかざし、柩は四人の同紙配達人にかつがれ、麻上下の記者が随行し、反対党の『高陽新聞』を代表する編集長も礼服で見おくり、愛読者がこれに続き、鉦を鳴らしながら本町・種崎町・稲荷新地を経て青柳橋を渡って、火葬場に定めた五台山大島岬の手前の社主深尾重行の所有地へ到着した。会葬者は名簿に記名したのが二七二七人で、名簿にもれた数をあわせると殆ど五〇〇〇人に達した。見物人も数百人に達し、道筋の商家は『上等自由水』だとか、『これを飲めば吏権の邪気を払い〇〇の苦痛を治す』など、さまざまに書いた飲用水を供し、鴨目楼の主人らは青柳橋の中央で『沢の鶴』の蓋を切って酒をふるまった」。

「会葬者の労をさけるため火葬地の登り口に柩を安置し、坂崎紫瀾が祭辞を演べたところ、聞く者はその凄絶に慟哭して声を失った。それから遺骸を茶毘《だび》にした。四海に名声をとどろかした『高知新聞』は三二三号を一期として、読経の声もろともはかなく一片の烟と化し、みすみす自由の空気の中に散失した。葬式を終ったのち香雲閣で祭宴を開き、酒宴酣《たけなわ》に北川貞彦の悲壮な演説が有り、暁鴉老人の弔文朗読は空前絶後の大喝采を博した。なおこの葬式会葬者が多かったため、一銭の忌中笠が二銭八厘に値上がりした」、と。

自由民権派は、ただ弾圧されていただけではない。機知に富んだ抗議活動をも展開し、それをさらなる自由民権運動の宣伝・高揚の場にもかえていったのである。

第三章　福島事件

自由党福島部と自由党会津部

福島県では、明治一四年一二月に自由党福島部が誕生し、一五年二月に自由党会津部が別に誕生した。時々言われるように、仲が悪かったからではない。福島町と会津の喜多方町の間が遠すぎるという、交通の便の問題である。

自由党福島部は、「石陽社」「三師社」が母体となった。主要党員は、河野広中・田母野秀顕・松本茂・平島松尾・岡島健長・苅宿仲衛・花香恭次郎などなどであり、成人していたためだろうか、正道館生の琴田岩松も加わっている。

本部は福島町の「無名館」におかれた。「無名館」は『福島自由新聞』の発行所を兼ね、明治一五年七月から九月までの短い期間だったが、あの植木枝盛もその編集にあたった。

自由党会津部は、あの肝煎会《きもいりかい》の「愛身社」が母体だった。主要党員は、宇田成一・山口千代作・中島友八・三浦文次・兼子常五郎・佐治幸平・赤城平六などなどだった。

自由党会津部は十指に余る在地の「組」組織をもち、その「組」組織で団結し、後述していくように「上農層（自由党員）と一般農民が一体化」した運動を展開したことに特徴がある。いずれ、この組織が、県令三島通庸《みちつね》の会津三方道路開鑿《かいさく》強行に対し、頑強な抵抗運動を展開していくことになるのである。

全国的には、「府県会規則」による最初の選挙は明治一二年二月だが、福島県はそれに先立ち、自主的な「民会規則」により、一一年には県会が招集されていた。「民会」というのは、市町村会・区会・県会の総称である。「民意を政治の執行に反映させるべく、他県に先がけて民会規則を制定したことは、特筆さるべき事であった」（『三春町史』）。

明治一二年からは「民会規則」を廃し、「府県会規則」による「県会」に生まれ変わったが、明治一四年には自由党福島部の河野広中が県会議員にトップ当選し、推されて県会議長になった。副議長も自由党会津部の山口千代作で、「県会」は自由民権派が完全に牛耳ったのである。

この県会が、福島・会津両自由党支部の重要な活動拠点となった。第二章「三新法――『府県会』の意義」の節でも紹介したように、この「福島県会」は、再三にわたり県令の提案する国政委任事務費からなる予算を削減し、まさに「人民の議会」ともいうべき役割を果たしていたのである。ここに、福島自由民権運動の特徴があった。

三島通庸県令の福島着任と会津三方道路開鑿《かいさく》

この福島に、明治一五年二月一七日、薩摩出身の三島通庸《みちつね》が県令として着任した。着任するや「某《それがし》が職に在らん限りは、火付け強盗と、自由党とは、頭を擡《もた》げさせ申さず」と、うそぶいたという(『自由党史』)。

また、腹心に対し、「余は政府より三個の内命を受けて赴任したものである。自由党の撲滅は其の一。帝政党の援助は其の二。道路の開鑿《かいさく》は其の三である」と常々公言していたと伝えられる。

「道路の開鑿」の事情は、以下である。三島通庸は、酒田県令としての「ワッパ騒動」鎮圧、山形県令として「関山新道開鑿反対運動」鎮圧の実績をひっさげて福島県令に赴任した。福島県でも、さっそく「会津三方道路開鑿」にあたろうというのである。

会津三方道路とは、会津若松を起点に、北は酒田へ、西は新潟へ、南は栃木から東京へと通じる道路で、いずれ東京と日本海側とを結ぶことになる道路である。これは、将来の日清戦争むけの軍用道路という性格が強かった。朝鮮に陸軍を派遣するには、下関からの対馬海峡経由が最短だが、そこには清国の誇る北洋艦隊のドイツ製鋼鉄艦六隻が待ち構えていた。日本海経由の迂回ルートの開拓も急がれたのである。それを、会津の農民たちの「住民負担」で開鑿しようというのである。

三月、三島は会津の有力者を集めて「六郡町村連合会」を組織し、国庫補助金が出るからと連合会を騙《だま》して、連合会の決定の形をとって、以下の命令を会津の農民に伝えた。

十五歳以上六十歳以下の者は全員、二カ年間毎月一日の工役に従事するか、でなければ男一日につき十五銭、女一日につき十銭の代夫賃を差し出せという。毎月一日といっても会津は冬・春は雪が深く、工事は夏・秋に限られる。つまり、夏・秋に月二日となる。しかも工事現場は五・六里も離れた遠隔地が多く、そこへの往復につごう二日かかる。結局、夏・秋に合計実質月六日の労役に従事することになる。これでは農業が成り立たない。

労働も、予定された「会津地方服役人夫働時間割」によれば、「午前第五時　場所揃」「同五時三十分　工事着手」「午後六時　退散」という極めて苛酷なものだった。

では代夫賃かといえば、「中より下の身上《しんしょう》の者は納めきれぬべし」と記した高利貸の日記が残るという。貧しい農民にとっては、まさに死活問題であった。

これに対して、会津も福島も、全県の自由党員が反対運動に立ち上がった。河野広中・山口千代作を正副議長とする県会は、五月一二日、以下の「決議書」を可決した。「明治十五年度地方税を議定するに際《あた》り、施政の針路を熟察するに、管下公衆の望に副《そ》はざるのみならず、其の輿論に背戻《はいれい》するものあるを以て、本会は該費用を支弁するを欲せず、故に議案毎号を否決す」と。有名な「議案毎号否決の決議書」である。

しかし、三島通庸は、内務卿に泣き付いて、実質上の予算原案執行の承認を得た。明治一四年二月の府県会の権限縮小の処置が、さっそく三島の武器となったのである。

河野広中県会議長はその不当を責め、過半数議員の連署をもって臨時県会の招集を迫ったが、三島県令はそれを無視し、暴政はいよいよ辛辣《しんらつ》を加えた（『三春町史』）。

自由党福島部の国会開設期限短縮運動

よく、以上の「議案毎号否決」までで、自由党福島部の活動は終ったという立論を目にするが、それは決して正しくない。

自由党福島部はすぐに国会開設期限短縮運動にとりかかったのである。これもまた、『自由民権百年』の運動の中で明らかになった成果であった。遠山茂樹は、一九八二年の喜多方市の「福島・喜多方事件百周年記念集会」での「福島・喜多方事件の歴史的意義」と題する講演で、以下のように語っている（冊子『自由民権百年』第一〇号）。

「（福島・喜多方事件の成果の）その一つは、一八八二（明治一五）年五月一二日、県会で議案毎号否決を決議した直後、自由党福島地方部の定期大会において国会開設期限短縮運動を提起する方針を決定したことです。河野広中は、明治一八年に国会を開くという意見を持っておりました」。

「ご存知のように、一八八一年、自由民権運動の盛りあがりの圧力によって、政府は明治二三年をもって国会を開くという詔勅をだします。この詔勅をうけた段階で、自由党の中央指導部は運動方針を決定できませんでした。政府の決めた明治二三年という時期を待って国会に議員を送りこむための準備を専らにしていく、そういう方向に自由党中央指導部は動きはじめていた。その時期に福島地方部は、明治一八年、つまり詔勅よりも五年前に国会を開こうという運動の方針を決定しています。私はこれは画期的であると判断します。つまり、政府の決めた方針に従うのでなくあくまで国民の力によって国会開設の期日を決めていこうと考えた、そういう運動であるからです」。

「このような運動を福島地方部が提起した背後には以下の情勢判断があります。明治二三年に国会を開くという詔勅が出たけれども、専制はかえって強まっていく。詔勅がでたから立憲制への道が拓かれたのではなくて、詔勅が出た以後かえって専制が強まっていく。それは要するに福島県会の状況および三方道路の工事の強行、こうした状況を目のあたりに見ているこの福島県下の自由党員であるからこそ持ちえた判断でしょう」。

「この決定に基づいて、福島県下の自由党員は、国会開設期限短縮と三島の圧制に対する批判をひっさげ、自由民権思想を啓蒙するために一斉に演説会を開催します。この演説会によって自由民権思想が農民のなかに広く浸透していったことが、やがて第二の成果、三方道路反対訴訟同盟＝『権利恢復《かいふく》同盟』に実を結びます」、と。

遠山茂樹が重要視する「演説会」の盛況の一端を、『三春町史』から紹介したい。

初期の演説会は、内藤魯一・奥宮健之などの県外の中央弁士、河野広中・田母野秀顕らの県内の大幹部が目立っていたが、一五年の初夏頃から様相は一変する。福島県で育った自前の青年論客が大量に輩出する。三春の正道館、石川の石陽館で育った青年がようやく羽ばたきはじめたからである。自由党会津部も負けてはいない。三浦文次・原平蔵・瓜生直七などが弁士に立ち、ここも層が厚い。

演説内容の一例だけを紹介したい。後に加波山事件で死刑になる元正道館生の琴田岩松は、明治一五年四月八日の三春町の演説会で、「泥棒の提灯持《ちょうちんもち》（下男）」の題で演説した。「臨監」の警察官の報告書は、以下を伝える。

「泥棒の内にも種類多し。即ち有形の財産を盗むものあり、又た無形の財産を盗むものあり。然れども有形の財産を盗むものは患ふるに足らざるのみならず、却《かえ》て憫然《びんぜん》のことと思はる。然るに彼無形の財産、即権利義務を掠奪《りゃくだつ》するものあり、此れ大に患ふべく且悪《にく》むべきものなり。故に社会も常に此等の徒あるを以て安寧に治まること不能と蝶々縷述《るじゅつ》せり。其語気たる陰に我政府濫《みだ》りに人民の自由権理を剥奪し…」、と。

要するに、人民の「無形の財産」、即ち「権利義務」を略奪するものは、泥棒以下の「泥棒の提灯持（下男）」だというのである。もちろん、それは暗に明治専制政府を指していた。しかし、機知に富んだこの演説も、中止・解散を命じられた。実に、この時期の演説会全体の四四％が中止・解散を命じられているという（『三春町史』）。

そして、次節に見る集会条例の改悪の結果、琴田岩松は六月一五日の「県治論」の題の演説で、中止・解散の上、「一年間演説禁止」の処罰を受けたのである。

弾圧は弁士に限ったことではない。聴衆にも及んだ。

石川町の鍛冶職は、「近頃きたやつらにして、拾弐円（警部の月給）とかの警部大いに威張りやがる」とヤジったという罪で、重禁固三カ月罰金十円に処せられた。石川町の紺屋職人は、演説会の解散命令が出たのに退場しなかったとして告発され、裁判で「足麻痺《まひ》せんがため」であると弁解したが、それでも軽禁固一カ月に処せられた。同じく石川町の酒造業者は、「巡査などは、見るのも嫌いだ」とつぶやいただけで、重禁固二カ月罰金七円に処せられた。

それでもなお、こうした弾圧にもかかわらず、福島県全体での演説会の盛況は続いていったのである。

集会条例の改悪

こうした状況におびえた明治専制政府は、あの集会条例を、さらに一段と「改悪」することで対処した。

『自由党史』は、「嗚呼《ああ》政党何の罪ぞ、明治十五年六月三日、既に久しく政党を桎梏《しっこく》したる集会条例は、更に厳酷《げんこく》なる改正を経て、悪鬼の跳ねるが如くに現出せり」として、この節をはじめる。新集会条例の特徴は以下である。

「第六条二項　（演説会の）解散を命じたるとき、地方長官は其情状に依り演説者に対し一個年以内管轄内に於て公然政治を講談論議するを禁止し、其結社に係るものは仍《な》ほ之を解社せしむることを得《う》。内務卿は其情状に依り、更に其演説者に対し一個年以内全国内に於て公然政治を講談論議するを禁止することを得」。

旧集会条例であれば、その時々の「弁士中止」「演説会解散」で済んでいた。それを今度は、予防拘禁的に、それから一年間の「演説禁止」、場合によっては結社の「解社」を科そうというのである。これでは、演説すること自体が取り締まられるに等しい。前節の琴田岩松は、さっそくこれに引っ掛けられたのである。

「第八条　政治に関する事項を講談論議する為其旨趣《ししゅ》を広告し、又は委員若《も》しくは文書を発して公衆を誘導し、又は支部を置き、若くは他の社と連絡通信することを得ず」。

これが一番問題で、政党の「支部」を禁止し、「他の社と連絡通信する」ことを禁止するというのである。自由党は、地域に根差した各支部と政党本部が密接に連絡を取り合うことで、その運動の拡がりをつくってきた。それを禁止しようというのである。これでは、自由民権運動がやってきたことを全否定することになる。

仕方なく、自由党は大慌てで各地の支部を廃止し、七月八日、ようやくあらためて政府の認可を受けることになった。

もっとも、「政府の圧迫も以て地方連絡を裁断する能はず」(『自由党史』)という実態は残ったのではあるし、これからも自由民権運動は続いていくのではあるが、いずれにせよ、自由民権運動は危機を迎えたのであった。

『自由党史』は、「露国の専制政治と雖《いえど》も、多く之に加ふる能はざるもの」と、この節を結ぶ。

板垣退助の洋行問題

ちょうどこの時期、板垣退助の洋行問題が起る。明治一五年七月、後藤象二郎に誘われて、板垣はヨーロッパ歴訪の洋行を決意する。

それに対し、『自由新聞』の幹部だった馬場辰猪・大石正巳・末広重恭・田口卯吉らが反対し、自由党内に「内訌《ないこう》」（うちわもめ）が生じた。

また立憲改進党が、板垣の洋行費用の出所について政府からではないかと攻撃し、自由党が逆に立憲改進党と三菱の癒着をついてやり返し、自由党と立憲改進党との間に決定的な溝が生まれた。自由民権運動にとって、実に不幸な出来事だった。

洋行費用について、後藤は、華族蜂須賀家からの資金だと板垣を騙《だま》したが、実は三井からの資金だった。それと知らずに、板垣は後藤の話に飛びついたのである。その背後には、伊藤博文、井上馨らの画策があったとも言われる。

しかしながら、改進党からの攻撃と、自由党内の「内訌」を、同じく資金問題であるとするのは、疑問である。

『自由党史』は後藤の板垣への誘いをこう記す。

「今や朝に在ては伊藤（博文）已に憲法調査のため命を奉じて海外に赴けり（三月一四日発）、独り野《や》に於ける足下と僕の如きにして、未だ足を国外に抜かず。立憲の規模《きぼ》（しくみ）を撫《ぶ》せざるは、寧《むし》ろ責任に顧て怠るの嫌《きらい》なきを得んや。党中漸く閑《かん》なるの時、宜しく相携えて泰西《たいせい》に遊ばん」、と。

まさに目指すところは、伊藤博文に対抗して「立憲の規模」（しくみ）を探らんとする、国会開設に向けての準備作業に専念する自由党の姿である。そして、「党中漸《ようや》く閑《かん》なるの時」という状況認識が、その裏付けとなっているのである。

それに対し、自由党内で洋行に反対する側の論理は以下である。（『自由党史』）「馬場、大石、末広等主として非を鳴らして曰く、今や我党は船体纔《せんたいわずか》に成て、将に港を出でんとする者の如し。此時に當《あた》り船長なくんば何を以て其進行を始むべき」、と。

同様の趣旨が、「舊《きゅう》東京地方部員」の意見書ではさらに強烈である。（『自由党史』）「夫今日の国家は、多事の国家なり。今日の吾党は繁忙の吾党なり。此多事繁忙の時に際して、吾党の領袖たる総理閣下にして、海外の行あるを聞く、吾党豈に黙々たるを得んや。…吾党は切に閣下が此行を数年の後に延べ、以て、今日激瀾怒濤《げきらんどとう》の政治海に航行せる我《わが》自由丸の船長たる其責任に反《そむ》かざらん事を、吾党切望に堪《た》へざるなり」と。

そして、板垣に以下のように迫った。「吾党が閣下に向て一言せんと欲する所のものは、第一閣下が洋行を国会開設の後に延期せられん事。第二閣下飽《あく》まで其志を執《とり》て今日之を決行せられんとならば、速に閣下が総理の大任を辞せられん事、之れなり」、と。

後藤の「党中漸《ようや》く閑《かん》なるの時」という状況認識とは、まさしく正反対なのであった。

馬場・大石らや旧東京地方部員らの、国会開設までは情勢は決して甘くはない、自由党は波濤の海原に今乗り出したばかりであるという危機感は、先に見た国会開設期限短縮運動に立ち上がった福島県の在地の自由党員たちと共通するものがある。

　福島県の自由党員たちが、地域の危機に敏感に反応したように、『自由新聞』をになうジャーナリストとして、また全国の矛盾の焦点としての首府東京の活動家として、全国の危機を敏感に見据えての反応ではなかったか。

　しかし、この板垣洋行反対派の面々は、結局は自由党を去らざるをえなかったのである。実に惜しい人材の喪失だった。

　立憲改進党との関係は、もっと悲惨だった。一〇月二四日の『自由新聞』は「自由党と改進党との関係を明らかにす」を掲げて改進党との絶縁を宣言し、一一月一一日、板垣は洋行に出発した。翌明治一六年四月の自由党大会では、立憲改進党への攻撃を決議して、「偽党《ぎとう》撲滅」、「海坊主（三菱）退治」をスローガンに掲げ、政府攻撃以上とも言えるような立憲改進党攻撃を展開していくのだった。

　この自由党と立憲改進党との対立が、自由民権運動全体の力を削いだことは言うまでもない。そして、福島県の自由民権運動にとっても、きわめて不幸なことだったのである。

帝政党の暴力と「民権壮士」

さて、三島通庸が嘯《うそぶ》いたといわれる政府による「三個の内命」のうち、「帝政党の援助は其の二」はどうなったのだろうか。『三春町史』は以下を伝える。

三島は、旧会津藩の士族に目を付けた。よく知られているように、戊辰戦争に敗れた会津藩士族は青森の斗南《となみ》に移封され、そこで辛酸をなめたのだが、廃藩置県で大半は故郷の会津若松に帰った。しかし、彼らは無一物、生活難にあえいでいた。その彼らに、三島はなんと十六万円もの士族授産金を獲得してきたのである。旧会津藩士族にとっては、まさに「旱天に慈雨」の思いだった。それとひきかえに、三島は帝政党の結成を働きかけた。

旧会津藩士族を主体とする帝政党の結成は、明治一五年六月三〇日。その主旨に曰く、「彼の自由の理を誤解して国会開設の期限を遅しとするもの」を排撃すると。要するに、福島県下の自由党攻撃をその任務としていたのである。

帝政党の勢力は振るわなかったようで、一〇月末ごろ会津若松の村上少書記官から三島通庸県令に宛てた文書には、帝政党の維持が困難であること、政府より特別の維持費として三万円を出してほしいこと、多額の授産金のこともあるのでもう補助金の名目が立たないから、帝政党本部がおかれた「日新館」への補助金としてほしいこと、以上が書かれている。しかしそれでも、自由党に対する暴力装置としては十二分に機能したのである。

明治一五年八月一六日夜、清水屋事件が引き起こされた。この日、『福島自由新聞』への募金を募るため、自由党福島部の田母野秀顕は会津若松を訪れていた。応対したのは、自由党会津部の最高幹部の宇田成一と、小島忠八。三人は、会津若松の旅館清水屋に泊まっていた。その寝込みを六名の帝政党員が襲ったのである。

小島は脱出したが、田母野と宇田は、竹刀やステッキで散々に打ち据えられ、重傷を負った。その上、暴力で脅迫されて、宇田は自由党からの脱退と会津三方道路開鑿に反対しないとの誓文を、田母野は暴力行為は「酔狂」の上だという始末書を、捺印までして書かされた。この騒ぎに、清水屋の主人は急を警察に告げようとしたが、多数の巡査が内外を取り囲んでいて、それを差し止めた。警察も帝政党とグルになっていたのである。

管轄の警部から三島県令に出された報告書は、この宇田と田母野がむりやり暴力で書かされた「誓文」と「始末書」の全文を転載し、このように「私和」（示談）が成立しているから「一家の紛紜《ふんうん》」であり、帝政党員の罪は問わないという、とんでもないものだった。

宇田は会津の同志から加害者の告訴を勧められたが、「小生此の暴行に遭《あ》ひたるは、郡長は勿論、警察署の警部も共に計画を尽したる事なれば、全く無政府の所為にして、之を法律に告訴するも、其の法律を通用する官吏なきを如何せん」と涙をのんで断念した。(宇田成一から山口千代作への書簡。『三春町史』)

もちろん、自由党も黙っていたわけではない。帝政党の無法な暴力に対抗するために、若き「民権壮士」を続々と会津に送り込んだ。時期は会津の道路工事反対闘争がより緊迫の度を増した明治一五年晩秋のことであるが、あえてここで紹介しておきたい。

『東陲民権史』は以下を記す。

「官民の軋轢《あつれき》日一日より甚しく、加ふるに帝政党の縦横跋扈《ばっこ》せるを以てし、自由主義の士全然逆境に陥り、進退処を失ふ。河野広中・平島松尾等の密使東京本部に至り、頻々《ひんぴん》急を告ぐ。時に宮部襄、寧静館(自由党本部)の幹事たり。乃ち高知県人荒尾角蔵・井上平吉・岡本正栄・小川又雄を福島に派遣し、次で群馬より長坂八郎・伊賀我何人・大木権平・松井助一・高橋渡・山口重章を送りて応援せしむ」、と。彼らはすべて後に、福島事件の弾圧の渦中に巻き込まれ、「被告人名簿」にその名を記される(『自由党史』)。

先発隊荒尾以下四名は一一月一八日に福島町の無名館着。翌日には宇田成一の案内で、荒尾以下四名、三春の田母野秀顕・河野広体（河野広中の甥・正道館生）ら十二名が権利恢復同盟本部の赤城平六宅に着いている。河野広中自身は無名館にとどまって、後続隊の群馬の長坂以下六名を迎え、即座に会津に送り込む。彼らは二八日に赤城平六宅に到着し、「三春方面の同志者続々応援に来るとの報」を伝えている（『東陲民権史』）。もちろん、あの「三春の正道館生」たちが、その応援の「民権壮士」の主力であった。

河野広体は後年の加波山事件での供述調書でこう語る。「同行の高知県人は各仕込杖《しこみづえ》を携びたり」、「その主義は帝政党に拮抗することに飽迄《あくまで》も尽力し、自由党若松部を置き、若《も》し帝政党に於て暴力を以て来るあらば、飽迄も腕力を以て之れに当らんが為」、と（『加波山事件関係資料集』）。決死の覚悟での来援であった。河野広体のいう「腕力」とは、帝政党の無法な暴力に対する、まさに「正当防衛権」の行使であった。

会津の闘いに、自由党福島部が支援しなかったとか、自由党本部は全く無関心であったとかの暴論がまかり通っているようだが、それは全く事実ではない。大物を送り込んではいないという反論に対しては、答える気もしないが、正当防衛権を行使する実力部隊は、若者、つまり「民権壮士」でしかなかったという常識を一応付け加えておく。

自由党会津部の「権利恢復《かいふく》同盟」

さて、肝心の自由党会津部の闘いである。『三春町史』は以下を詳しく伝える。

明治一五年六月になって間もなく、三島県令の強い指示により、会津の各郡長は管下の町村戸長を招集し、三方道路工事未着工のまま、さかのぼって三月から六月までの四カ月分、実際にはとりかかってもいない工事に対する男女夫役金を、すみやかに徴収して郡役所に完納するよう厳達した。

三月の時点では三島県令に国庫補助金が出るからと騙《だま》され、三島にうまく利用された「六郡連合会」だが、この命令には怒りを爆発させた。宇田成一・小島忠八・原平蔵らの自由党系の連合会議員は、七月二八日、「六郡連合会臨時開設請求書」を各郡長宛てに提出した。連合会議員三五名のうち過半数の一九名が連署した。「一、三方道路開鑿の工事着手の事。一、鰥寡孤独廃疾《かんかこどくはいしつ》の外更に極貧者免役法」。以上の二項について至急話し合おうというのである。しかし、この「請求書」は八月一六日になって正式に却下された。

一方、三島通庸県令は臨時会請求の却下を命じると同時に、六郡連合会の機先を制し、連合会とは何らの連絡もなしに三方道路起工式を一方的に強行させた。

八月一六日、県の村上少書記官は起工式に出席するため、会津士族への士族授産金十六万円を持参して会津若松に乗り込んだ。士族たちは欣喜雀躍《きんきじゃくやく》、彼を迎えること「陛下も亦《また》及ばざるの状態」であったという。その日、旧会津藩校日新館を再興して開館式を上げて、帝政党本部とした。前節で見た宇田・田母野が襲われた清水屋事件が引き起こされたのは、その晩のことである。そして、翌一七日、起工式を挙行した。

秋に入ると、六郡連合会の三方道路反対運動は本格化する。連合会議員有志は原平蔵を急ぎ上京させ、自由党の代言人星亨・大井憲太郎の指導を受けさせる一方、連合会議長の中島友八宅で密議した。第二回は山口千代作の居村で三〇余名が集まった。

そして第三回は九月二七日、耶麻《やま》郡米岡村の久山寺に会津各郡からの総代七〇余名が集まって、訴訟のための「権利恢復《かいふく》同盟」を結成した。

「権利恢復同盟」の役員と部署は、「訴訟委員正員　宇田成一・山口千代作・中島友八」「同副員　三浦文次・兼子常五郎・佐治幸平」「総理正　赤城平六」「同副　三浦文次」。「本部」は総理・赤城平六の広大な屋敷に置かれ、前節の「民権壮士」達がそこに詰めた。

一〇月八日、第四回の会合は再び山口千代作の居村で開かれ、代表者が初めて一〇〇名を超え、同意署名者は七〇〇余名にふくれ上がった。署名運動に力を入れたのは、星亨・大井憲太郎の指導によるものである。星・大井は原平蔵を通して、「六郡人民の過半数の同志を以て訴うる時は、全勝必ず得可し、若し少数の名義にて訴訟を為さば、其の訴訟案に充分の条理あるも、或は為政者の便否に依り真訴を壅蔽《ようへい》せられ、敗訴となるも知る可からず」という見通しを語っていた。(『三春町史』)

六郡人民の過半数には、二万人以上の同意者から委任状をとらなければならない。この段階で、反対運動は六郡連合会の組織を越え、自由党会津部が主導する「権利恢復同盟」が運動を担っていくことになった。

一方、郡役所と警察の圧迫は日増しに甚だしく、不服の農民を郡役所に召喚して説諭を加え、代夫賃未納者は家財競売に処すと脅した。郡吏が足しげく出張して出夫を督促《とくそく》すると、村惣代はしぶしぶ「服役の受書」を差し出してしまう。郡吏が安心して引き揚げると、反対派が巻き返して、一夜にしてひっくり返す。一進一退の攻防戦が続いた。

一〇月二〇日、二万人以上の署名が集まるまでの応急措置として、まずは四〇八四名の委任状をもって勧解《かんかい》(和解)の訴状を若松治安裁判所に提出したが、「官庁に係るを以て、勧解を与ふるの限りにあらず」と却下された。

一〇月末、宮城控訴院への本訴提出の準備のために、山口千代作・三浦文次が上京し、自由党の代言人の大井憲太郎・北田正董・林昭一から指導を受けた。この時に、ちょうど上京中だった河野広中と会い、訴訟折衝《せっしょう》に任じる「論客」の会津派遣を河野に要請し、河野は福島から杉山重義・沢田清之助を会津に派遣した。

権利恢復同盟が各郡に派遣した「特派遊説隊」＝隊長門奈茂次郎以下二三名＝の説得で団結した耶麻《やま》郡の農民は、一一月初めまでに二一二〇人が出夫も代夫賃の納入もいっさい拒否する署名を提出していた。耶麻郡長佐藤志郎は一一月三日から一三日までの十日間に、実に九九七人を郡役所に召喚して説諭を加えた。しかし、佐藤郡長が三島県令に提出した報告によると、この期間に説諭に落ちた者はわずかに一三二名にすぎず、農民は郡役所で威嚇され、寒風吹きすさぶなか立たされ、あるいは懇々とその不心得を諭され、さらには便所掃除までさせられたが、大部分の者は頑として応じなかったのである。

特に、熱塩村では二七三人が召喚され、説諭に応じた者がゼロ。米岡村は九一人が召喚され、説諭に応じた者がゼロという記録になっている。熱塩村には三浦文次・遠藤豊八・上田清丸らの闘将がそろい、米岡村には上野荘松・上野国良らのリーダーがいた。両村の徹底した統制力に、郡長の報告も「熱塩・米岡村に至りては、今日まで正夫は服従せず、代夫亦然り」と書かねばならず、このうえは、もはや〝財産差し押さえ〟より手がないと書き送っている。

自由党会津部が作り上げた『権利恢復同盟《かいふく》』の規約は以下に始まる。

「吾人《われら》は夫れ自由なき乎、自由なければ乃ち人事已矣《やむ》、吾人は寔《まこと》に自由の民なり、故に自由を保ち権利を全うするが為乎、財産を屠《ほふ》り生命を失う敢て回避することなし。今其れ吾人は豺狼《さいろう》の為に噛《か》まれ、狗盗《くとう》の為に害さるるの遇を取る。吾人安《いずく》んぞ此豺狼を斬り、此狗盗を殲《せん》し、以て自由を恢復するのことを努めざるべけんや」、と。

そして、「吾人は会津地方道路開鑿の事に付、官庁の行為不当不正なるを確信せり。故に如何の暴圧手段を以て強迫するも心を金石に擬し、暴圧に抗抵し、奮て百折不撓《ひゃくせつふとう》之が就役賃金の徴収に応ぜざるべし」、と続ける。

先にも紹介した遠山茂樹の「福島・喜多方事件の歴史的意義」と題する一九八二年の講演は、福島・喜多方事件の第二の成果としてこの三方道路反対訴訟同盟＝権利恢復同盟をあげ、以下のように述べている。

「この訴訟同盟の盟約は、『我等は自由の民なり』という言葉からはじまります。生活防衛を権利の回復、福島県民の自由と地方自治の権利の回復と位置づけたこと、そしてその上にはじめて道路開さくの民主的な方法を実現する道がありうるという展望を明確にして、三方道路の強行による住民負担に反対していったことがたいへん大きな意義をもっているのではないか。それは単に当時において意義を持っていたばかりでなく、その後の近代百年の歴史の上に画期的な意義を持っていったであろうと思います」。

「この訴訟同盟の水準の高さは、言うまでもなく、それが自由民権思想によって武装されていたということ、また政党――綱領つまり共通の政治意識と政治変革の意思をもち、さらに全国組織をもつ政党から学んだことによると私は考えます。このことではじめて、地方的利害、地域的利害にとどまる問題を、国政変革の問題に発展させていく道を切り拓くことができた点に大きな意義があると思います」。

「福島・喜多方事件は、自由民権派と明治専制政府との『政治決戦』でした。この事件までは、自由民権運動の力量は明治政府と四つに組んだ状態だったといっていいでしょう。この事件で自由民権派が敗れることで自由民権運動全体が一歩後退していきます」、と。

会津の闘いは、まさに明治専制政府と自由民権派の『政治決戦』だったのである。

喜多方事件

明治一五年一一月にはいると、会津の闘いは緊迫化する。『三春町史』はこう記す。

農民たちの抵抗に手を焼いた三島通庸県令は、「尚《なお》服役せざるものは、速に（公売）処分に可致」と各郡長に指示するとともに、郡吏をバックアップするため、県一等属海老名季昌（元会津藩家老）に数十名の新召募巡査を従えさせて、耶麻《やま》郡に急派した。「新召募巡査」とは、帝政党員による急ごしらえの部隊であった。

三島県令は会津三方道路建設の「代夫賃」未納者に対して、いよいよ「公売処分」という最後の手段に打って出たのである。

一一月一二日、まず権利恢復同盟総理の赤城平六宅が、「公売第一号」として狙われた。そして新合村では赤城平六宅ら九五戸の、檑野村では四二戸の、鳥見山村では八七戸の、大都村では七八戸の、加納村では三八戸の、米岡村では八四戸の、計五七八戸の公売処分が進んでいった。

「公売処分に付、村民中一人の入札なきを以て、山形辺より引来りし道路開鑿土方に入札させ、最も低価に払い下げたり」というありさまだったという。さすがに、骨董業者達も郡長のやり方に協力するものは一人もいない。しかし、それを逆手にとって、引き連れてきた工事の土方たちにきわめて安い価格で入札させた。

それを拒否するや、工事人足百余人を赤城平六宅などに乱入させ、手当たり次第に打ち壊し、家財を運び去った。これが、新合村の公売処分の実態だった。

そこに、副総理の三浦文次と原平蔵が、赤城平六宅を訪ねてやって来たのである。惨状に憤慨した三浦文次・原平蔵は、直ちに「財産妨害者あるに付保護請求書」を喜多方警察署に提出した。「人民は素より不服者にして不納者にあらざれば、…公売処分を受くべきの理由なし…郡長佐藤志朗は人の財産を妨害するの犯人」（『加波山事件関係資料集』）だから取り締まれというものである。

しかし警察は郡長を取り締まるどころか、一一月二〇日、三浦文次・原平蔵の両名を「誣告罪《ぶこくざい》」の罪名で逮捕した。

一一月二四日、自由党会津部の最高幹部宇田成一も、訴訟費用として権利恢復同盟会費の一戸一〇銭を集めたのが「詐欺取財」にあたるという難癖を付けられて、逮捕された。

一一月二六日、農民たちは宇田成一・三浦文次・原平蔵の拘留見舞をすることを決定。しかし、当局は不穏をキャッチして、三名を喜多方警察署から、帝政党の勢力の強い会津若松の若松警察署に移送していた。

一一月二八日、三名の若松移送を知った農民たちは、喜多方から若松に向けて千余名で出発した。喜多方から若松までは約二〇キロの距離がある。途中日も傾いてきた。そこで農民たちは喜多方から五キロの弾正が原で集会を開いた。

この日のリーダーは、瓜生直七と河野広中によって福島町から派遣された杉山重義の二人。二人は群衆狂呼のなか、欅《けやき》の樹上に上って三島県令の圧制を激越な口調で攻撃した。欅の枝には、「自由万歳・圧制撲滅」と書いた幟《のぼり》が立てられた。最後に、これから若松へ行くのは時間も遅く無理だから、喜多方警察署への抗議行動に切り換えようということになり、農民たちは喜多方へ引き返した。

そこで、事件が起こされたのである。

公正な記述で信用があるとされる『福島県政治史』は以下のように書いている。

「喜多方署に着きたる大衆の代表、瓜生直七は署長に会し『曩《さき》に引致された有志惣代の罪名は当らず、それは人民自ら訴訟費として拠出したもので、詐欺取財に非ざるは明白である。殊に目下該訴訟を手続の運動中であるに依って、速かに拘引者を釈放せられたし』と詰り迫った。此刹那《せつな》に幸か不幸か、外の群衆の中より署の硝子窓に対《むか》って不可解の投石をしたものがあるや、署長の目傾《めくばせ》によって忽《たちま》ち巡査三名抜剣して戸外に跳り出し、矢庭に群衆の一二人に傷害を与えた。群衆は無手にして且つ余り突飛な瞬撃を受けた際とて何等の反抗意識をも出でず、茫然たると同時に一斉に愕《おどろ》き逃げ散じた。茲《ここ》に所謂兇徒嘯集罪《しょうしゅうざい》が期せずして構成することに至ったのである」、と。

三島県令はこの事件をもって好機到来とみ、「兇徒嘯集罪」が成立したとして、全県下の警察署に、自由党員の一斉検挙を指令したのである。

そもそも農民たちは、一方的に「伐剣」の巡査に切りつけられ、追い回されたのである。農民たちは席旗《むしろばた》はもとより竹槍一本持たなかったし、武器になりそうな農具一つ持たなかったのである。警察は「襲撃の証拠」を現場から押収しようとしたが、棒切れ一つなく、「凶徒嘯集罪」の証拠として、法廷には現場にあったという数個の石コロを提出するしかなかったのである。「被害者」は、警察ではなく、農民たちであったのは、火を見るよりも明らかであった。

以上が、狭義の喜多方事件である。

自由党員の一斉検挙

喜多方事件の翌一一月二九日の未明から、県下自由党員の一斉検挙が始まった。この時『皇居』での地方長官会議に上京中の三島県令は、少書記官村上に以下の密電を打った。

「喜多方の奸民乱暴せしに付ては、好機会故、関係の者残らず捕縛せよ。巡査不足ならば岩下（警部）に談じ、三春撃剣党百五十人巡査に募り速かに繰り出せ。…夫れにても巡査不足なら、此方より繰出すべし。直に返事あれ」、と。（『三春町史』）

まず、攻撃は権利恢復同盟本部に向けられた。二九日未明、権利恢復同盟本部赤城平六宅を警官が取り囲んだ。この日、赤城平六宅で逮捕された者は、高知県人四名、群馬県人六名、正道館生など福島県人三四名の計四四名であった。平均年齢は二二歳。「帝政党の暴力と民権壮士」の節で見たように、彼らはいずれも会津支援の「民権壮士」であった。彼らは、「政府転覆」「内乱陰謀」の国事犯として、東京の高等法院に送られたのである。

ついで、一般農民の権利恢復同盟員にも検挙は及び、会津だけで五一八人が拘置された。

しかし、ほとんどが「兇徒嘯集付加随行」の罪で、一円五〇銭から二円の罰金に処せられただけで、翌一六年一月下旬までに釈放された。喜多方事件の現場から押収されたという石コロ数個だけの証拠では、さすがに「兇徒嘯集罪」には問えなかったのである。

しかしながら弾圧は県下自由党の最高幹部に直接向けられた。一二月一日、河野広中・愛沢寧堅らの福島自由党の最高幹部が、福島町の無名館で捕らえられた。これも「内乱陰謀罪」をでっち上げようというのである。以下、ぞくぞくと幹部の逮捕が続く。彼らも、「政府転覆」「内乱陰謀」の国事犯として東京の高等法院に送られたのである。

これには、「密偵」たちの暗躍があった。

無名館の住込みの小使の田村暁雲も密偵だった。こんなところに、スパイが隠れていたのである。田村は後に高等法院での裁判で河野広中ら六名が国事犯に問われることになる血判の「盟約書」を、無名館で鎌田猶三が便所に立ったすきに、確かに机上に見たと密告したのである。

無名館は三軒の棟割り長屋。その壁を隔てた隣家に福島師範学校の書記をしていた服部赫之助が住んでいたが、実は無名館の動静を逐一スパイする密偵だった。河野広中らの逮捕で無名館が壊滅すると、服部はその功績によって、二本松警察署長に抜擢された。

最も有名な密偵は、安積戦である。彼は小学校の教員のかたわら、「大正館」と呼ばれたサークルに出入りし、そこで急進派の民権壮士になりすまして自由党に深く入り込み、時々岩下警部に情報を流していた。彼は警察関係者からは「色男」の暗号名で呼ばれた。県の村上少書記官は河野広中逮捕の翌日、暗号電で「河野捕縛に付ては、色男を直に縛すべし」と指示した。安積を一緒に取り調べることで、その調書を証拠として河野広中を落そうというのである。

警察側から「国事犯」の証拠として提出された「特別内規約」は、破棄したはずなのに、密偵安積戦が懐紙に写し取り岩下警部に渡したものである。同じく「六郡総本部発令」は、密偵安積戦自身が書いたものだったが、文意の不穏に驚いた同志が焼却湮滅《いんめつ》したはずのものので、それが犯罪の重要な証拠とされようとしたのである。

こうした密偵達の暗躍の結果、河野広中・三浦文次らの福島・会津の自由党幹部たちや会津支援の「民権壮士」たちは、「政府転覆」「内乱陰謀」の「国事犯」として高等法院で裁判を受けることになるのである。これについては、次々節で詳しく紹介したい。

また、警察での取り調べに於ける拷問は凄まじいもので、紺野谷五郎は警察での拷問がもとで、護送途中に血を吐いて亡くなっている。

民心をして戦慄《せんりつ》する所あらしむべし

ちょうど、この喜多方事件と自由党の弾圧が行われている時、東京の中央政界でも大きな出来事が起っていた。

すでに明治一五年七月の朝鮮での壬午《じんご》事変で、明治専制政府は将来の日清戦争を決意していたが、それを受けて一一月二四日、明治天皇は『皇居』に地方長官を集めて、「軍備拡張と租税増徴の勅語」を下した。喜多方事件の四日前のことである。

もちろん、三島通庸県令もこれに出席していた。そこ東京から、前節に見た自由党員と反対派農民の一斉検挙の指示を、福島に打電したのである。

そして、一二月七日、岩倉具視は、「府県会中止の上奏」を呈出した（『自由党史』）。

その情勢認識は以下である。

「今日の形勢を察するに、憂愁無聊《ゆうしゅうぶりょう》の徒、始めは其不平の気を洩《もら》して快を一時に取らんと欲し、口弁紙筆を利器として、百方無智の人民を煽動せり。…是を以て其演説会に説く所、新聞紙に論ずる所、専ら罔上犯分《もうじょうはんぶん》を事とし、樹党営私《じゅとうえいし》至らざる所なし。思ふに佛《フ》蘭《ラン》西《ス》革命の前時と雖《いえど》も、恐くは此形勢を距る甚だ遠からざるべし」、と。

フランス革命前時と同じだという情勢認識から来る結論は、以下である。

「人民をして犯上《はんじょう》の道を啓《ひら》き政府を蔑視するの思想を生ぜしめたるは、職《しき》として府県会を開くの機猶《なお》早くして、進歩の順序を失へるに由《よ》らざるは無し。故に今日にして政府の威権を恢復し、民心の頽瀾《たいらん》を挽回せんと欲せば、先づ今明両年の景況を察し、機宜《きぎ》に由り断乎《だんこ》として一たび府県会を中止し、上《か》み陛下より下《し》も百官僚属《りょうぞく》に至るまで、主義を一にして動かず、目的を同ふして変ぜず、更に萬機を一新するの精神を奮励し、陛下の愛信して股肱《ここう》とし、且つ以て国家の重《おもき》を為す所の海陸軍及警視の勢威を左右に提《ひっさ》げ、凛然《りんぜん》として下に臨《のぞ》み、民心をして戦慄《せんりつ》する所あらしむべし」、と。

「断乎として一たび府県会を中止し」、「海陸軍及警視の勢威を左右に提げ、凛然として下に臨み、民心をして戦慄する所あらしむべし」、まさに極反動岩倉具視の面目躍如たる「上奏」であった。

そして、続いて一二月三〇日、明治専制政府は「軍備拡張の通達」を陸・海軍に発した。以後、軍事費・警察費の合計は、歳出全体の三〇％にも達し、明治初年において秩禄費がしめた部分を代位するに至るのである。（大石嘉一郎『自由民権と大隈・松方財政』）

こうした状況の中で、福島・喜多方事件と自由党への一斉弾圧は起った。侵略・軍拡・増税をひた走る明治専制政府の路線に対し、国民の自由と権利を守る闘いとして、まさに自由民権派と明治専制政府との『政治決戦』として、福島・喜多方事件は闘われたのであった。

高等法院での裁判と「天福《てんぷく》六家撰」

さて、三島通庸県令の策謀と密偵の暗躍によって、検挙された自由党員は「政府顛覆」「内乱陰謀」の「国事犯」として東京の高等法院で裁判を受けることになるのだが、高等法院に送られたのは五七名、その中には河野広中・三浦文次らの福島・会津両自由党幹部の他に、「民権壮士」の未成年の河野広体・栗原足五郎らの正道館生も含まれていた。

明治一六年二月の雪の降りしきる酷寒の中、菅笠にゴザ一枚の防寒具である。移送は艱難《かんなん》を極めた。

結局、最終的に裁判で問題になったのは、河野広中・田母野秀顕・愛沢寧堅・平島松尾・花香恭次郎・沢田清之助の六名が、明治一五年八月、福島町の無名館で政府顛覆を血盟したとされる「盟約書」であった。

これは無名館の住込みの小使で密偵の田村暁雲が確かに見たと密告しているものの、その後同志が廃棄してしまったもので、実物は存在しないものだった。裁判は、六名の記憶によってそれを復元させ、そのうち三名が「専制政府（圧制政府）顛覆」という文言があったと証言したことで、この六名全員を「政府顛覆」を企てた「国事犯」であるとしたのである。なんとも目茶苦茶な裁判だった。「顛覆」の二文字だけによるこの疑獄を、人は「二字獄」と呼んだ。（『自由党史』）

明治一六年七月一九日からこの六名の裁判本審は始まり、判決は八月二八日に言い渡された。河野は軽禁固七年、田母野以下五人は軽禁固六年だった。

三浦文次ら他の五一名は予審だけで、早くも四月には免訴釈放となっている。とてもではないが、こんな薄弱な証拠では全員を有罪にするなど出来なかったのである。

明治一六年七月からのこの六名の裁判本審への世間の注目はたいへんなもので、公判が進むにつれて、六人の被告の人気が高まった。

「ひとたび公判開廷の報伝わるや、当日を待ちに待った傍聴人は、朝の三時頃より殺到して、互いに先を争って小競合《こぜりあい》を演ずる等、非常な雑踏を極め、大部分の傍聴希望者は入ることを得なかった」といわれ、裁判への関心は自由党員に限らず、一般の人々にも拡がっていった。

高等法院の審理がはじまり、福島・喜多方事件の真相が知れるにつれて、被告への同情と弾圧に対する憤慨は、自由党内のみならず、党外の者へも広まった。自由党脱党派系の『朝野新聞』、改進党系の『東京横浜毎日新聞』は、ともに県令と警察の責任を正すべきだと主張した。一年前の事件発生当時とは、雲泥の差ともいうべき認識の進みがあった。とくに自由党のみならず、改進党にも、政府に対し責任追及の声が上ったことは注目される。

（遠山茂樹「集会条例と自由党解党」、『著作集』第三巻所収）

自由党自体も息を吹き返した。明治一五年には「党費の困難」を記す『自由党史』が、一六年夏には寄金が続々と寄せられて「自由党の飛躍」が語られる（『自由党史』）。

ここに、福島事件の高等法院での裁判が位置していた。全国の自由党員にとって、福島事件は決して、他人事ではなかったのである。寄金の多いところは、後に「関東決死派」と呼ばれるようになった自由党急進派の拠点と一致する。直接に、三浦文次、琴田岩松、河野広体らが参加した加波山事件はもちろん、後年の自由党激化事件は、すべて福島事件を抜きにしては、語れないのである。

その後、田母野秀顕は石川島監獄に収監されたが、一六年初秋の頃より、監獄熱（チフス）という熱病に冒された。そして、一一月二八日、ついに帰らぬ人となったのである。一二月一日、自由党によって田母野秀顕の盛大な「党葬」が行われた。

「十二月一日、自由党の同士は、寧静館に会し、党葬の儀を以て遺柩《いきゅう》を谷中の墓地に埋《うず》む。会する者数百名、今に天王寺畔《はん》、蓬藁《ほうこう》堆《うずたか》き処《ところ》、『自由党志士田母野秀顕之墓』と題する孤碑《こひ》、永く哀悼の紀念を後世に留めたり」（『自由党史』）。

さて、ここに『天福六家撰《てんぷく》』と題する大判の錦絵が残る。「天福」とはもちろん「政府顛覆《てんぷく》」の「顛覆」のもじりで、六名の国事犯を扱ったものである。

今でいう人気俳優のブロマイドのようなもので、こうした浮世絵が売り出され人気を博したということ自体が、福島事件の、そして自由民権運動全体の何たるかを、実に雄弁に物語っている。本書の表紙カバーに、写真を使わせていただいた所以である。

出版元は東京の原胤昭。『田母野秀顕君之肖像』に、原は次の説明を入れた。

曰く、「河野君と同じく三春町の平民なり。去冬縛《とらわれ》につき福島警察署の詢問に艱難《かんなん》を極め、三日間食さへ絶ちしと云ふ。之れ比《ひと》しく自由熱心の導く處にて、天より賦与《あたへ》られし人民の自由の権利を伸張するの結果ハ、我々が幸福の基《もとい》なれ共、之れに依て罪を得六年の永日を獄裏《ろうや》に消光さるゝとハ、嗚呼《ああ》。齢《よわい》三十四年」、と。

これが出版条例に引っ掛けられた。この版は発売禁止となり、原は軽禁固三月に処せられた。それでも原胤昭は黙っていなかった。「発売を禁止されたのであるから、無料で与える事は差支へ無い筈である」と、さっそく店員に手伝わせて街頭に四斗樽を並べ、原はみずから樽に上って田母野の錦絵を無料で通行人にばらまいた。そのため、今度は新聞紙条例違反で起訴され、軽禁固三月、罰金三〇円に処せられた。（『三春町史』）

こうした状況が、「国事犯」の裁判の実態であった。彼ら六名の国事犯は、間違いなく、『人民のヒーロー』となったのであった。

自由党会津部の第二次訴訟

さて、権利恢復同盟副総理の三浦文次は、第四章で見ていくように、三春の正道館生らとともに、明治一七年九月の加波山事件に参加していく。

だが、従来の『加波山事件』・『東陲民権史』といった史料だけでは、明治一六年四月の三浦文次の免訴釈放から、加波山事件参加までの経緯がはっきりしなかった。

しかし、これも『自由民権百年』の成果だが、赤城弘・堀幸一郎の研究（冊子『喜多方事件百年』所収）で、以下が明らかになった。

明治一六年四月、釈放された権利恢復同盟幹部たちは、直に収監者たちの救援活動と、「第二次訴訟」を行うことを盟約した。その担当者になったのが、赤城平六・三浦文次・原平蔵・門奈茂次郎ら一九名である。

三浦文次・原平蔵の両名は、七月初旬から宮城控訴院への出訴の書面準備のため、仙台の代言人藤沢幾之輔との打ち合わせに、三、四度、仙台を訪れている。

明治一六年八月、三島県令を被告として、赤城平六・三浦文次・原平蔵・門奈茂次郎ら一九名が、「不正工事廃止の訴状」（二次訴訟）を宮城控訴院へ提出したが、県令誹毀《ひき》の廉《かど》ありとして却下された。

逆に、八月末、三島県令は、彼らが訴状を印刷して同志に配付した行為を「官吏侮辱」にあたるとして、原告らの逮捕を命じた。代言人藤沢幾之輔・赤城平六・原平蔵らは逮捕され、三浦文次・門奈茂次郎は各地に逃亡した。

翌一七年三月、この「官吏侮辱」という裁判の判決が言い渡された。代言人の藤沢幾之輔は重禁固八カ月、赤城平六・原平蔵・三浦文次・門奈茂次郎らも有罪となった。ただし、三浦文次・門奈茂次郎はいまだ逃亡中であり、欠席裁判であった。

こうして権利恢復同盟副総理の三浦文次は、およそ考えられるあらゆる合法活動の道が閉ざされるなか、逃亡中の身を、三島通庸暗殺計画からはじまる加波山事件へと投じていったのである。

第四章

加波山事件

狭義の加波山事件

加波山事件とは、明治一七年九月二三日、富松正安以下十六名が、茨城県の加波山上に「自由の魁《さきがけ》」「圧制政府顚覆」などの旗幟《きし》を掲げて決起し、周囲に「檄文《げきぶん》」をまいて蜂起を呼びかけた事件であり、その名称もここに由来する。

この事件の出発点は三島通庸暗殺計画で、その後は大量の爆裂弾を準備しての政府高官大挙暗殺計画となり、当初は新華族祝賀宴会襲撃計画、最後には栃木県庁開庁式襲撃計画であった。しかし、警察の探索の手が潜伏先に及ぶという情報で彼らは逃亡し、逃亡先の加波山で、いわば〝破れかぶれ〟の決起に追い込まれたのである。

九月二三日夜、一行は加波山麓《ろく》の警察町屋分署と周辺の豪商を襲って軍資金を強奪し、加波山に引きあげた。その際、爆裂弾が使用されている。翌二四日、彼らが期待した呼応者は加波山上に到達しない。その夜、一行はこの状況を検討し、宇都宮の栃木県庁と監獄を襲撃して、東北・関東の同志を糾合しようと加波山を下山することに決した。

下山する途次、一行は加波山麓の長岡畷《なわて》で追捕の警官隊と衝突した。一行は爆裂弾を投弾して切り込み、警官一名を斃《たお》して警官隊を退散させるが、同志平尾八十吉も戦死する。この戦闘の混乱で、人夫に担がせていた百五十個余りの爆裂弾の多くも失った。

彼らは二六日早朝に栃木県小林村の山中に達し、そこで一〇月二五日の東京飛鳥山での再会を誓って解散した。しかし、そのほとんどが一〇月二五日を待たずに各地で捕縛され、残る富松正安、原利八も翌年までに捕縛された。以上が狭義の加波山事件である。

裁判は、被告らの再三の「国事犯」であるとの強い抗議にもかかわらず、山田顕義司法卿直々の命により、「強盗及び故殺」罪が強引に適用され、裁判は高等法院ではなく、各被告の逮捕地の裁判所で行われた。従って問題にされたのは、以上の狭義の過程における町屋分署襲撃などの「強盗」と、追捕の警官の「故殺」、加波山決起に先立つ門奈茂次郎たちの東京での「質屋強盗」が主たるものだった。

それ故、栃木県・茨城県・福島県などでの「無慮《むりょ》三百名」（『東陲民権史』）の関連容疑者の逮捕と、長いものでは一年近い拘留にもかかわらず、正犯とされたのは以下の十九名だけであった。

戦死した平尾八十吉を含めての二十名を、以下に列挙したい（年齢は当時のもの）。

民権壮士

琴田岩松（二十三歳）死刑。正道館生。元『三陽雑誌』編集長。福島事件に際しては逃亡し、三河の小林篤太郎にかくまわれる。「民権壮士」グループと鯉沼九八郎とを結びつけるキーマン的な存在だった。

河野広体（十九歳）未成年にて無期徒刑。正道館生。土佐の立志学舎でも学ぶ。河野広中の甥。福島事件では「支援壮士」として会津に赴き捕らえられて、明治一六年四月免訴釈放。「民権壮士」のリーダー的存在だった。

山口守太郎（十八歳）判決に先立ち取り調べ中に獄死。正道館生。土佐の立志学舎でも学んだ。正道館設立者の三春戸長松本茂の甥。

五十川元吉（十九歳）未成年にて無期徒刑。正道館生。土佐の立志学舎でも学んだ。

天野市太郎（十七歳）未成年にて無期徒刑。正道館生。

小林篤太郎（十八歳）未成年にて無期徒刑。三春藩縁故の三河板倉藩士の子弟。有一館長の内藤魯一は父の親友。明治一六年末、立志学舎からの帰途の五十川の誘いで上京。

草野佐久馬（十九歳）未成年にて無期徒刑。母は三河板倉藩士の娘。母方親戚を頼って三河に出、小林篤太郎と知る。明治一六年末、小林とともに上京。

福島の在地党員

三浦文次（三十四歳）死刑。会津の権利恢復同盟副総理。福島事件で捕らえられ、明治一六年四月免訴釈放。直に二次訴訟に当る。二次訴訟でも有罪判決を受けて、逃亡中。三島通庸暗殺計画から出発する加波山事件を象徴する人物である。墓碑名は文治だが、戸籍名は文次である。

原　利八（三十三歳）三浦の弁護もあって情状酌量で無期徒刑。入獄中に病死。会津六郡連合会説諭委員。権利恢復同盟特派遊説隊員。

小針重雄（二十一歳）死刑。福島県白河郡の大庄屋の家の出。東京の大学医学部に入学したが、福島事件の支援のため帰郷し、三浦文次と知る。逃亡中の三浦文次への連絡係。

杉浦吉副（三十九歳）死刑。三春町の三春銀行に勤め、そこで運動に近づいたとされる。参加者中の最年長者として、事件の最後の局面で重責を担った。

門奈茂次郎（二十三歳）加波山決起に先立ち河野広体らと東京で質屋強盗をしたとして有期徒刑十三年。福島事件では、権利恢復同盟特派遊説隊長。明治一六年四月免訴釈放。二次訴訟でも有罪判決を受けて、逃亡中。加波山決起には加わっていない。

栃木の在地党員

鯉沼九八郎（三十三歳）爆裂弾を強盗犯に提供したとして、有期徒刑十五年。爆裂弾の発明者で政府高官大挙暗殺計画の中心人物。爆裂弾製造中の事故で、左腕を飛ばす重傷を負った。加波山決起には加わっていない。

大橋源三郎（三十二歳）爆裂弾の材料を提供したとして、重懲役九年で入獄中に病死した。鯉沼とは「竹馬の友」。加波山決起には加わっていない。

平尾八十吉（二十三歳）戦死。栃木の急進派自由党員福田定一郎の食客。宇都宮の代言人の中山丹治郎の書生。自由党本部の壮士養成所の有一館生。爆裂弾製造者の一人。決起の「檄文」は彼が起草した。

横山信六（二十歳）死刑（執行前病死）。鯉沼九八郎の食客。栃木の代言人榊原経武の書生。東京の明治法律学校生。爆裂弾製造者の一人。

佐伯正門（二十四歳）爆裂弾を質屋強盗に提供したとして、重懲役十年。栃木の代言人の松島恂二の書生。自由党本部の壮士養成所の有一館生。爆裂弾製造者の一人。加波山決起には加わっていない。

茨城の在地党員

富松正安（三十六歳）死刑。茨城下館の自由党員。「関東決死派」の中心党員の一人とされる。下館の壮士養成所有為館館長。鯉沼爆裂弾事故で逃亡した一行を有為館にかくまう。加波山決起では、推されて首領になった。

保多駒吉（二十三歳）死刑。「富松の股肱《ここう》」。自由党本部の壮士養成所の有一館生。茨城の自由党グループの「連絡係」として、キーマン的存在だった。

玉水嘉一（二十六歳）富松の弁護で情状酌量にて無期徒刑。有為館の剣術師範。

ここで、史料の性格について簡単にふれておきたい。

『**加波山事件関係資料集**』（稲葉誠太郎著、一九七〇年、三一書房）

主体をなすのは稲葉誠太郎が宇都宮地方検察庁に勤めていたとき、検察庁の倉庫で発見した「明治十八年・加波山事件秘密書類・検事局」という一件書類である。稲葉の十一年にわたる謄写の努力と、理解ある上司がなければ、とうてい世に出なかった史料である。今まで「口述史料」でしか明らかに出来なかった事件の全貌を明らかにする上で、きわめて貴重な史料である。

『加波山事件』（野島幾太郎著、一九〇〇年、復刻東洋文庫）

野島幾太郎が「舌代」で謝意を表すとして、鯉沼・河野・小林・五十川・草野・佐伯・玉水・天野の名をあげているように、まだ生存していた事件関係者の生き残りの「記憶」による証言をもとに作成された貴重な「口述史料」である。

『東陲民権史』（関戸覚蔵著、一九〇三年、復刻明治文献）

関戸覚蔵が「小引」に記すように、茨城側唯一の生き残り、玉水嘉一が集めた資料をもとに書かれている。『加波山事件』が栃木自由党中心に書かれたのに不満を持っての玉水の活動だったと思われる。加波山事件以外の激化事件のようすもよく書かれている。

三島通庸暗殺計画――「人民運動の代わりとしてのテロル」

加波山事件の出発点は、三島通庸暗殺計画であった。明治一七年三月まで、事件はこれを主軸に進行する。

権利恢復同盟副総理三浦文次が、単身上京し、三田の三島通庸邸近くの湯屋の三助となって三島暗殺の機をうかがうのは、明治一七年三月のことであった（『東陲民権史』）。この三月、逃亡中の三浦文次・門奈茂次郎欠席のまま、「第二次訴訟」での三島県令侮辱という罪名で、代言人の藤沢幾之輔・赤城平六・原平蔵らに有罪判決が言い渡されていた。

その後の三島通庸暗殺を狙う三浦文次の行動はきわめて徹底している。東京で暗殺機会を得なかった三浦は、今度は栃木での土木工事を三島が陣頭指揮すると聞きつけ、それを狙おうとやはり単身仕込杖を抱えて栃木に赴く。加波山決起の後の解散に際しても、それを不満として、「我一人にても三島を暗殺するつもり」と同志と袂《たもと》を分かって先に出発する（『加波山事件』）。

こうした行動についての先学の理解には、実に大きな混乱がある。

後藤靖が「明治十七年の激化諸事件について」（『自由民権期の研究』第二巻所収、一九五七年）で、加波山事件を「孤立分散したテロリズムの発現」と結論づけた叙述を締めくくるのは、レーニンの『専制とプロレタリアート』からの一節である。

「もろもろの事実は、わが国の個人的な政治的暗殺が人民革命の暴力的行動とはなんの共通点ももっていないことを、反駁の余地なく立証している」と、後藤靖は引用する。

しかし、後藤靖は、この引用部の前後の部分をことさらに捨象しているのである。

「人民運動の代わりとしてのテロルではなくて、それと同時に行うテロルが重要だといって、人々がどんなことをわれわれに言ってきかせようとも」、が前部。「資本主義社会における大衆運動は、階級的な労働者の運動としてのみ可能である」、が後部。

たしかにレーニンは、ナロードニキとの理論闘争の中で自己形成をとげた。最初の政治論文である『人民の友とはなにか』は、全編ナロードニキとの理論闘争の展開である。しかし、この長文の論文を読み通すのをいとわぬものは、これまた全編あげてレーニンが、「古い」＝「七〇年代の」＝「革命的」ナロードニキと、「こんにちの」＝「八〇年代の」＝「自由主義的」ナロードニキとを峻別し、「こんにちのナロードニキ」の「古いナロードニキ」からの「退歩」をこそ批判していることに、容易に気づかれるであろう。

レーニンは、一八八一年の皇帝アレクサンドルII世の暗殺に全精力を使い果たして崩壊をとげた、「古い」＝「七〇年代のナロードニキ」に対しては、熱烈に「崇拝」していることを隠さなかった。たとえば、『何をなすべきか』の一節をとりあげよう。

「七〇年代の革命家の輝かしい巨星の群のような、ロシア社会民主主義派の先駆者たち」。「もしわれわれが七〇年代の運動の千倍も広くまた深いわれわれの運動に、「当時と」同じ献身的な決意と精力を鼓吹することができるなら、さきにわれわれの先輩である七〇年代の革命家がかちえたこの尊称を、われわれも獲得することを、期待してよいのである」。

一八七〇年代、未だ階級的な労働者が十分な成長をとげず、かつ日本の自由民権期にまさるとも劣らぬ専制政治のなか、ナロードニキがとらざるをえなかった「人民運動の代わりとしてのテロル」を、レーニンは否定するどころか、「先輩」として称えるのである。しかし、労働者の大衆運動が可能となった資本主義社会における八〇年代のナロードニキが、労働者の大衆運動に取り組まず、「それと同時に行うテロルが重要だ」と、テロ戦術だけは七〇年代の運動を継承したことを厳しく批判したのである。

いったい日本の自由民権期が、ロシアにおける七〇年代なのか、八〇年代なのか、その判断がつかない者は、歴史家の資格はない。もちろん、今日の日本国憲法下のテロリズムなどは、およそナンセンスでしかない。しかし、この自由民権期、日本で「階級的な労働者の大衆運動」など、どこにその条件があっただろうか。その状況を考慮することなく、明治専制政府の暴政下での自由民権運動のテロリズムだけは、むきになって否定してきた後藤靖の歴史観も、およそナンセンスといわざるをえないだろう。

野島幾太郎の『加波山事件』は明治一七年七月六日、三浦文次が喜多方の安瀬敬蔵宅を訪れ、密偵を恐れて「筆談」したという三浦文次自筆の「全文」を掲載する。

「われらかつて当県下人民の自由権利を抑制せられたる人民、去る十五年被害に罹りたる人民、冤罪に罹りたる人民らの惣代となり、当県令（三島通庸）へ向って鬱憤《うっぷん》を晴らさんと存じ、種々奔走すれども、いまだ相果たさず」（抜粋）、と。

加波山事件の主導者たちは、あくまでも日本の一八八〇年代前半の現実（レーニンの言うロシアの七〇年代）の中で、およそ考えうるあらゆる合法活動の道がとざされるなかで、ロシアの「七〇年代のナロードニキ」と同じく、「人民らの惣代」としての「人民運動の代わりとしてのテロル」に急速に傾斜していったのである。

三島通庸暗殺を狙ったのは、三浦文次だけではない。福島三春の正道館生を主力とする「民権壮士」たちも三島を狙った。

『加波山事件』『東陲民権史』『自由党史』といった文献史料が共通して記す彼らの最初の三島暗殺計画は、明治一六年一一月のことである。琴田岩松・河野広体・草野佐久馬と支援者の岩手自由党の鈴木舎定が、発覚を恐れて品川沖に小船を浮かべ、三島暗殺の策を練ったというのである。ところが鈴木舎定はその直後に急病死する。

「民権壮士」たちは、自由党員の援助がなければ、食うにすら事欠いた。暗殺計画には、スポンサーが不可欠だった。そのスポンサーを失ったのであった。そこに、栃木自由党の鯉沼九八郎があらわれた。

栃木町にほど近い稲葉村の事業家鯉沼九八郎が本格的に自由党員として活動するのは、明治一六年一〇月三〇日の三島通庸の栃木県令兼任以来のことである。福島事件の弾圧に「熱腸九回、決眥《けっし》一番非常の感に打たれた」（『加波山事件』）鯉沼は、三島が栃木県令を兼任すると、意を決して上京。まず一一月の自由党臨時大会に出席した。

臨時大会終了後、鯉沼は、飛鳥山での懇親の運動会に参加。そこで鯉沼は琴田岩松と相撲を取り、「その胆力用うべきをしる」。一二月二八日、琴田の紹介状を持って、天野市太郎・山口守太郎・大高末時が鯉沼宅を訪れ、三島を栃木町に襲う援助を鯉沼に依頼。鯉沼は同道したが、三島は不在だった。天野らはそのまま上京。その報告を聞いて、琴田が鯉沼宅を訪れ、鯉沼を誘って上京。鯉沼と河野広体を引き会わせた。（以上『加波山事件』）

この経過に明らかなように、スポンサーを求める「民権壮士」グループの側から、鯉沼を試しながら、慎重に近づいたのである。こうして、彼らは同志となった。一月、二月と、彼らは二度にわたって三島通庸暗殺を狙ったが、いずれも失敗に終わった。

以上、明治一七年三月までは、表向きは三島通庸暗殺計画一本で進んでいった。

栃木自由党

栃木県における自由民権運動は、明治一六年になると活況を極める。

『加波山事件研究』(一九八四年)での私の共同執筆者塚田昌宏は、「加波山事件の史的前提」という第二部で、以下の新史料を紹介した。栃木県下都賀郡宮村では、既に明治初期において旧名主・組頭による入会地の秣場《まぐさば》利用の会として「共同会」を組織していたが、三新法体制下においては、中農層を幹事、諮問委員とする全戸参加による「民盟社」に脱皮していた。それが、政府、県側の圧力の前に、民盟社は「共同会」に戻され、戸長も「官選」に戻された。しかし、公組織を形骸化し、全村民参加で村政を自主的・民主的に運営するための条例を制定している。増茂家文書にそれを発見した。

栃木県下都賀郡宮村共同会決定条例　　明治十六年四月十日

発条表意

一、今般本県用第二号御達を以て公選戸長の制度を廃され、更に官選戸長の制度に復し、加ふるに数ケ村を合併し連合役場を設け是に官選戸長壱員を置き数ケ村を管理し、部内人員弐千有余人民之保護を官選戸長の一手に掌握し、民事に係る百の事業を細大となく取扱はせるゝ御旨意に出するものと信忍す。左は左に信忍すると雖も、正に明治十六年の今日に並立する我々人民の思想は明治維新の前の人民にあらずして、仮に一歩を進められ宜しく三歩退ぞけらるるを不好向きに、公選戸長の制度を変化せられ更に官選戸長に復せらるゝと雖も、予輩等の誠心は決て左にあらず。三歩斥けられて以て六歩進み、日に月に開明人民自立権利之目的を維持せんと欲し、正に明治十六年四月十日全村慷概の志者壱同相会し、左の職員及条例を相設け、全村共同に係る枢要之職務を負担させ、我々人民之安寧幸福之目途を企画致させ申へき事。

「「全村慷概の志者」とは正に全戸であった。下からの自治の高らかな宣言である。」

同じく塚田昌宏は、明治一六年春から夏に数次にわたって行われた栃木町郊外の吹上《ふきあげ》村の自由運動会の様子を伝えている。史料は、一九五二年七月から、吹上村の広報紙『吹上広報』に十回にわたり連載された『民権発祥の回顧と吾《わが》〝吹上村〟』。「八三老人」のペンネームで書かれている。「八三老人」は十二歳頃に運動会に接したという。これを書いた時ちょうど数えで八十三歳である。若き日の塚田昌宏が、切り抜いてノートに貼っておいた貴重な史料である。私も実物を見せていただいたが、紙不足の戦後らしく、粗末な紙に、びっしりと小さな活字で印刷してある。

明治一六年から六十九年後の一九五二年の回想なので史料的な扱いは慎重を要するが、少年期を自由民権運動の高揚の渦中で過ごした老人の、長年の沈黙を破り、戦後民主主義の時代を俟《ま》って発表された、貴重な「回想証言」の「遺言」である、と私は考える。

「八三老人」はこう始める。

「官憲の取締厳重になればなる程、民衆は其裏を潜って、反撥的に其攻撃を緩めない、寧《むし》ろ一層猛烈の度を高めた。此頃から各村各町に開催されたのは、体育向上の運動会や何々志士義人の弔祭会、豊年満作の祝賀会等だ。抑《そもそ》も此運動会は吾吹上村が元祖で熱心に練習の結果は急速に上達した」。

「運動会の日が決まれば二三日前に布令が廻った。一戸一人は殆《ほとん》ど全部出場する事になって居る。二十歳前後から六七十歳迄だから其動作服装種々雑多だが皆真面目に真剣に従事した。運動の種目は第一に調練と称する兵式訓練である。…中隊長小隊長は各坪伍長級の人が之に当り行進駆け足山に登り川を渡りて模擬戦争の訓練をした」。

「其れが終ると紅白の二隊に分れ、旗奪い、棒倒し、とりっこ(大将の奪い合い)、綱引

（大人同志何百人の力だから麻綱ではどっどっと切れたので、青竹の太いのを繋《つな》いで用いた）、個人では短距離、担俵競争などが行われた」。

「「青竹での綱引」など、活況がしのばれる。明治一六年になると、明治一一年の土佐の『旗奪い』から進んで紅白対抗形式となり、種目も今の運動会に近くなっている。」

「此運動会の主要目的は集合、結束、連絡、示威にあったのだから、（閉会後の）祝酒の席酣《たけなわ》なるに及んでは互に激烈なる反政府の言論を吐いた。最後には一同立って顚覆踊《てんぷくおど》りを初め割るゝが如き喝采裡《かっさいり》に散会した。其踊りに簡単な歌詞がある。

　　あっせっせい　　てんぷくせい
　　てんぷくせい　　あっせっせい

其動作は最初体を前に屈し両手を伸して何者かを捕らい、是れを高々と差し上げさも憎そうに下へ投げ付ける振りをつけたものであった。警官等えの逃れ道か『圧制政府を顚覆せい』と露骨には言わなかった」。

「尚此の調練行進にも喇叭《ラッパ》、笛、太鼓等の楽隊が先頭に立った。…附近の小供達も喜んで之に加わり、中々上達した。此調練は一種の示威行列であるから盛んに隣村に進軍し、至る処祝酒の饗応などあり、てんぷく踊りなど随時随所で行われた」。

「此頃《このごろ》流行の小(ママ)供運動会」

「小供が大人の真似をするのは何時の世でも同じだ。此頃五人十人と集れば小(ママ)供調練行進や運動会果ては演説会の真似事まで盛に行われた。隣村木村で行われた小供運動会には警官隊まで出動した滑稽騒ぎで当時の話題に残って居る。大将は大橋覚四郎（新井章吾氏の甥）、同徳太郎という少年で何れも十四五歳以下の者だった。始めは瀬戸原と云う處に勢揃いして紅白の二隊に分れ各陣営には幕など張り、自由何々とか、あっせっせい　てんぷくれんなど大書した紙旗を翻《ひるがえ》し、例の棒倒し綱引きなどで勝敗を決し戯れて居たる折柄警官数名物々しく顕われ解散を命じた。小供等は笑い興じ乍《なが》ら四散したが、今度は別の少年組も加わり、村社八幡宮前で覚四郎氏が何やら演説様の事を始め、例のてんぷく踊なども始まった。拍手や喊声を聞き伝えて警官隊が又顕れ大将株を叱責して解散せしめた。今度は小供等は面白いので益々多数となり観音山に馳せ登り国会開設てんぷくれんなどと踊り始めて警官等は烈火の如く怒って山上に来た。小供等は猿猴《ましら》の如く山を越え谷を渉り、あちらの山こちらの谷で何事か連呼しては笑い興じて居る。遂に日も暮れ夜も更けて双方とも疲れ果てて各家路に就いた。処が警官隊は暗夜の山中地理は不案内で小供の声もなくなっては帰り道の見当は付かず、空しく山中で夜を明かしたという一笑話もある」、と。

「十四五歳以下」の今日の中学生までが『顛覆踊り』に熱狂し、警官隊と「鬼ごっこ」を演じたのだった。一九五二年には、こんな話が吹上村の『広報』に載ったのである。」

野島幾太郎の『加波山事件』も、鯉沼九八郎が中心となって三回にわたり開催された、やはり栃木町郊外の稲葉村の、明治一六年の自由運動会のようすを詳しく伝えている。

とくに、八月の「旧盆」に開催された三回目の運動会は活況を極めた。自由党本部から内藤魯一を招いて櫓《やぐら》の上で太鼓を叩かせ、人々の渇きをいやすために新たに井戸を掘り、その井戸の水も涸れるほどの活況を極めたという。

この運動会は、元禄年間に壬生《みぶ》藩の苛政に抗して「越訴」を行って死刑となり、地域で「惣代八幡」として祭られる、石井伊左衛門・神永市兵衛・須釜作重郎の三人の「義民」への「奉納運動会」として開催された。開会式では、この「三義民」を称える「祭文」が朗々と読み上げられ、その最後は以下で締められた。

「これ（三義民）を昔日の民権家というもなんの不可なることもあらんや」、「もしそれ今日の民権家たるものにして口に自由民権を囂々《ごうごう》するも、一朝事あるにおよんで、生命財産を吝《おし》み、…逡巡することあらば、諸君は地下にありてまさに笑わんとす」、と。

なお、金井隆典「自由民権と義民」（『自由民権の再発見』所収）は、小室信介の『東洋民権百家伝』編集に当たっての義民史料提供の呼び掛けにこたえて、鯉沼九八郎がこの「三義民」の資料を、小室に送ったことを紹介している。

また金井は、直接は栃木の事でないが、植木枝盛の『民権自由論』の表紙を、板垣退助、福沢諭吉、ワッパ騒動の指導者の森藤右衛門、そして「義民」を象徴する佐倉宗五郎の、四人の肖像が飾っていることも紹介している。ことは栃木に限らず、自由民権運動による「義民顕彰」は、それこそ夢中になって行われ、『何々義民伝』の類の出版は数知れず、運動会だけでなく、芝居・芸能・祭りなどでも大々的に顕彰活動が行われたのである。

さらに、明治一六年八月の自由党本部からの「資金募集の檄」には、『自由党史』が記すだけで栃木では、一一三名、計三五五一円という巨額の募金に応じている。主だった加波山事件関係者をあげれば、鯉沼九八郎が父と各五十円、大橋源三郎も五十円、塩田奥蔵・新井章吾・野沢四郎左衛門・田村順之助らの栃木自由党の領袖の面々は各百円、さらに代言人石沼佐一・榊原経武・松島恂二・中山丹治郎も各百円という大金を募金している。

これも栃木に限らず、全国でこの募金運動は成果を上げ、明治一五年には「党費の困難」を記す『自由党史』が、一六年夏には寄金が続々と寄せられて、「自由党の飛躍」が語られる。ここに、福島事件の高等法院での裁判が位置していた。福島事件は、全国の自由党員にとって、決して他人事ではなかったのである。寄金の多いところは、後のいわゆる「関東決死派」の拠点と一致する。（『自由党史』）

こうした栃木での運動の高揚は関東全域の自由民権運動の高揚のなかに位置していた。明治一六年九月一六日には茨城県古河・中田間の利根川で「常総武両野志士大船遊会」が開催され、三百名がまず古河町共立座での演説会を開催した後、「自由向所天下無敵」「骨山血川」「自由万歳圧制撲滅」と書いた旗を翻しての川下りの船遊会を行っている。（大町雅美『新井章吾』）

しかし、こうした運動も、激しい弾圧に見舞われた。九月には、塩田奥蔵が官吏侮辱罪で収監され、先の古河開催の船遊会での演説が咎《とが》められて新井章吾が逮捕され、学習結社「育英会」が突如集会条例違反であるとして田村順之助が収監された。あきらかに、栃木自由党の領袖たちが狙い撃ちされている。鯉沼九八郎が一〇月に開催しようとした四回目の運動会も、企画しただけで官吏侮辱罪が適用されて不許可になった。表だった運動は、がんじがらめに不可能になったのである。

そして、その総仕上げとして、明治一六年一〇月三〇日、三島通庸が福島と兼任の栃木県令として、この栃木に乗り込んで来たのであった。

明治一六年一一月自由党臨時大会

自由党の明治一六年一一月の臨時大会は、一一月初旬より党員たちが東京に集まり始めて連日協議会を開いた上で、一六日に本会議が浅草井生村楼で開催された。

栃木からは、塩田奥蔵・新井章吾・田村順之助の逮捕にもかかわらず、岩崎萬次郎・野沢四郎左衛門・鯉沼九八郎・大久保菊十郎・涌井藤七・松島恂二・榊原経武・岡田亮太・深尾重城の九名が参加した。それは全八九名中、神奈川の二二名、千葉の一〇名に次ぐ数であった。（『自由党史』）

その大会自体はわずか一日で終わり、決定したのは実質上、「金拾萬円以上を募集し、永遠維持の方法を立つること」、の一点のみであった。

この大会で、解党論が飛び出したことはよく知られている。

「時勢既に切迫す。…自由党は今拾萬円醵集《きょしゅう》を策し、其党礎を固定して将《まさ》に大に為す有らんとす。党中皆な以為《おもえ》らく、苟《いやしく》も専制政府に対抗して活動を期せんには、宜《よろ》しく我党も亦《また》中央集権の組織を立て、以て総理指揮の下に進退すべしと。而して多くは有形政党の存立至難なるを感じ精神的結合の必要を説くに至れり」、と。(『自由党史』)

従来の研究では、これを「離脱傾向」からの解党論だとしてきた。

しかし、「密偵報告書」は、全く逆の「急進派」主導の以下の真相を語っている。

「其議案の表面は醵金《きょきん》より云々の事なれども、内幕の議は此自由党を将来に維持し、党勢を拡張して益々盛大ならしめ久遠の後其目的とする所を得べきか、或は将た一旦解党して一大運動をなし、以て勝を一挙に得べきかとの事にして、即ち自由党の要路を占めし腕力破壊主義の三百名が発起せし者なりと云ふ。故に如斯の会は畢竟《ひっきょう》破壊主義なる三百名がこれが根本となりたる者なれば、此破壊主義の三百名を圧服せざる以上は、決して社会平安を維持し以て隆盛を極むる事態は無るべし」(『加波山事件関係資料集』)。

即ち、当面は「党勢を拡張して久遠の後に其目的を得る」か、それとも「一旦解党して一大運動で勝ちを一挙に得る」か、その議論はともに三百名の「腕力破壊主義」の「急進派」によってなされたというのである。

この二つの史料を併せ見れば、以下のような結論が導き出される。即ち、臨時大会にはこの時期に「自由党の要路を占めし腕力破壊主義者」によって、「専制政府に対抗せん」

との方針が党に持ちこまれ、その目的は前提として「党建設」が先か、すぐさま「解党」して「一大運動で勝を一挙に得る」かが議論になった。むしろ多数派は「一大運動で勝を一挙に得る」ための「解党」を主張したが、そのためにも「党建設」が先であるとの党中央の説得が実り、「拾萬円醵金」と「総理指揮」を確立しようという方針が決まった、以上である。要するに、この臨時大会は「急進派」が主導していいたのである。

ただし、こうした動きとは違った方向への模索もあった。土佐の片岡健吉は、植木枝盛が計画した「減租建白書」提出の件を滞京党員にはかっている。その建白書は、実に説得力のあるものだった。すなわち地租改正条例第六章には、将来物品税が二〇〇万円以上に達したときは、地租を減額し、ついには地価の一〇〇分の一にするとあるのを根拠にして、克明に税額変化の数字をあげ、物品税の合計が一九八一万円にも達した以上、第六章の約束を今すぐ守るべきだという論旨である。片岡健吉の提案はたちまち大きな反響をよんだ。

（遠山茂樹「集会条例と自由党解党」、『著作集』第三巻所収）

さて、この大会での、栃木自由党の活動は突出していた。

先の密偵報告書の結びにあげる「議会員名簿」は実に興味深い。出身と名前を記すのは以下の一一名のみ。後は「外六十九名」とだけ記される。一一名は以下のとおり。

「高知人・片岡健吉」、「福島県・苅宿仲衛」、「栃木県・岩崎萬次郎、野沢四郎左衛門、鯉沼九八郎、大久保菊十郎、涌井藤七、松島恂二、榊原経武」、「栃木県上稲葉村百三十七番地寄留土佐人・深尾重城」、「栃木県宇都宮・山形人・神屋温作」、以上である。

減租建白書提出方針で反響をよんだ片岡健吉が冒頭に記されるのは当然であるが、あとは圧倒的に栃木人である。深尾はこの時期は鯉沼九八郎の食客であり、神屋も宇都宮でそのような位置にあったのだろう。つまり、一一名中九名までが、実質上栃木人ということになる。なぜ、これらの人名だけを記したのか。密偵報告書には一切説明がない。しかし、この大会でとくに目立った過激な発言をした人名を特筆したのだとは容易に推察できる。新たに三島通庸を兼任の栃木県令に迎えて、当然のことであった。

こうした栃木自由党の動向を裏付ける史料が別の密偵報告書にもある。一一月二三日付けの栃木県下都賀郡横掘村の密偵国府義胤発、藤田一郎宛の報告書である。

「本県下目今の形勢、先に塩田奥蔵の入檻、新井章吾の召喚、及び水代村の捕縛（前節の『育英会』弾圧事件での田村順之助捕縛）、羽川駅の拘引（前節の鯉沼らの運動会企画への弾圧）等により、且は三島（通庸）公の（県令）拝命により、運動演説会等の跡なく、表面より之を見れば自由党鎮静解散するが如く虞《おそれ》なきものの如し」、と。しかし、

「小弟を以て之を観れば、蓋し其謀を密にするのみ。必ず鎮静解散するに非るなり。謂ふ其証を挙て之を弁せん。聞く、該党の東京に会議を開くや、本県下より会するもの、野沢、榊原、深尾、岡田等あり、是其一なり。該党の醵金を議するや、本県下より三千円を出さん云々、是其二なり。該党中より決死党三十名を出す云々、是其三にして尤も不穏の件なり。嗚呼賢兄、以て鎮静となすか、解散となすか。夫れ圧力盛んなれば、反動力も亦盛んなるは自然の理なり。…賢兄不日三島公に謁するあらば、此云々を懇告せられ、宜く本地の民情を熟知する者を選択し、隠然なる真状を慎密捜索し、不慮の変動を未熟に予防せんことを。是小弟の賢兄に切望する所以なり」、と。(『加波山事件関係資料集』)

こうした水面下での栃木自由党の「謀を密にする」不穏な動きは、この密偵国府義胤の推察どおり、密かに進んでいたのであった。

以下、自由党全体の動きも視野におきつつ、鯉沼九八郎を中心とする栃木自由党の動向を追っていきたい。

そして前々節で紹介したように、この大会後の懇親運動会で、鯉沼九八郎が琴田岩松と「相撲」を取ったのが縁で、鯉沼と「民権壮士グループ」が盟約したのであった。

寧静館《ねいせいかん》乗っ取りと明治一七年三月自由党大会

鯉沼九八郎と結びついた民権壮士グループと党中央との接点は、明治一七年二月の壮士グループによる、自由党本部寧静館乗っ取り事件である。野島幾太郎の『加波山事件』は、以下のように記す。『加波山事件』が、鯉沼九八郎・河野広体らの生き残りの口述史料にもとづいている点を想起されたい。きわめて信憑性の高い記述である。

明治一七年二月、三島通庸を狙う三度目の暗殺行に失敗し、東京の鯉沼の下宿に戻った鯉沼・琴田・河野は、そこに二十七、八名もの「壮漢」が血相を変えて集まっているのに驚いた。『加波山事件』はそのすべての名を記してはいないが、小林篤太郎とともに三河から上京した窪田久米、後に東京での質屋強盗で栃木に逃げた河野広体らを竹藪にかくまった小平右京などが含まれていた。

壮士たちが、生計にも苦しんでいたのは、先述してきたとおりである。彼らは、自由党本部寧静館を一時自炊の寄宿所として借用することを寧静館幹事加藤平四郎に申し入れ、それが断られたことに激昂していたのである。

鯉沼は先ず河野と叔父道惟を板垣退助のもとに派遣し、寧静館借用を交渉したが断られた。さらに鯉沼と窪田久米が出向いて板垣の代理片岡健吉に、それでは別に家を借りるからその金を出せと交渉したが、それも即答は得られなかった。そこで、彼らは寧静館を実力で二日間にわたって占拠して自炊所としたが、寧静館幹事加藤平四郎の、退去しなければ警察に訴えるとの脅しで退去した。以上が、この事件である。

実に児戯に類する事件ともいえるが、二つの点で重要である。

一つは、自由党にとっての壮士対策である。自由党は実力部隊としての「民権壮士」をどうしても必要としていた。それが、武装蜂起に結び付くかどうかはともかく、明治専制政府の公的、非公的の暴力に対抗して「正当防衛権」を行使する実力部隊が不可欠だったことは、今までの行論のなかに明らかだろう。しかし、その「民権壮士」をどう養っておくのか、これは実に難しい問題でもあった。その問題がこの事件でより明らかになったのである。自由党本部の「壮士養成所」の設立が急がれる事情となった。

二つ目は、鯉沼九八郎の動向である。野島幾太郎の『加波山事件』は、この事件で、寧静館を退去させられた鯉沼が、総理以下頼むに足らずと、「専ら爆裂弾製造のことに従わんがため、その郷稲葉へ帰った」と記している。これ以後、栃木自由党の本線は、鯉沼の爆裂弾を主軸に動いていく。

さて、この事件の直後に、明治一七年自由党三月定期大会が開催された。この大会も、即時非合法活動展開を主張する急進派と、当面党建設が先だとする党中央の説得を機軸にすえることで、はじめてその性格が理解される。決定は以下であった。（『自由党史』）

「其規則に関するもの」。

「第四　会議に出席する各地方の総代は、其地方の撰挙会に撰定したる者を以てすること」。説明「近時往々一個人の資格を以て議場に出席する者ありて、偏重偏軽《へんじゅうへんけい》の憂なきに非ざれば、此に之を明記して以て其弊を防がんと欲するのみ」。

「第六　例会は春秋両度とし、春期は東京に、秋季は大阪に開く」。説明「近来我党の状勢たる、専ら東北に偏し関西との脈略は殆ど相絶へんとするの傾向あり」。

以上、明治一六年一一月臨時大会が、栃木県を中心とする関東の個人参加の「急進派」によってかきまわされたことへの、「党建設派」の巻き返しととってよいだろう。

しかし、「其規則に関せざるもの」、即ち〝行動綱領〟は、

「第二　総理に特権を与え、党事を専断決行せしむること」。
「第三　文武館（館名未定）を設け、活発有為の士を養成すること」。
「第四　各地へ巡回員を派遣すること」。主な決定は以上である。

第二の総理に専断権をとの規定は、急進派押さえこみと取れなくもないが、少なくとも表向きの理由は、専制政府と鋭く対決するには中央主導が必要だということであった。

第三の「文武館」の設立とは、自由党本部の「壮士養成所」の建設である。まさに急進派壮士たちが要請したことである。寧静館乗っ取り事件の結果としてよいだろう。

第四の「巡回員」の派遣。栃木巡回員に選ばれた磯山清兵衛は、茨城県潮来の大酒造家の出身で、「酒屋会議」の中心人物の一人として投獄された経歴を持つ。出獄後、自由党幹部となった。そして、この「文武館」（後に有一館と称す）の幹事（ナンバー・ツー）となった人物である。この磯山清兵衛が、次節に見るように、鯉沼九八郎を中心とする栃木自由党の爆裂弾による政府高官大挙暗殺計画を、資金集めとその資金の管理、そして購入した爆裂弾製造用の薬品の管理の面で、全面的に幇助したのである。

そして、この三項は以下のように語られる。

「凡《およ》そ此数項は未だ十分に其意を盡さざる所ありとするも、亦露骨明言し難き事なきにいしも非ざれば、諸君が静思熟考して自得する所あらんことを望む」、と。

そして、この三月大会の成果として以下が語られる。

「自由党は既に大会の決議に遵率《じゅんそつ》し、文武研究所の建築に工を起し、巡回員を諸国に簡派して党情の疎通を謀る等、鋭意力を実行に盡し、復た口舌の政談を弄せず」、と。

要するに、明治一七年三月自由党大会も、実質上、急進派がリードしていたのである。

爆裂弾による政府高官大挙暗殺計画

加波山事件に使用された爆裂弾を製作したのは、鯉沼九八郎であることは、あらゆる史料の示すとおりであるが、鯉沼にその示唆を与えたのは、佐伯正門であった。佐伯正門は栃木町の民権派代言人松島恂二の書生。横山信六も栃木町の民権派代言人榊原経武の書生。二人はごく自然に同志となった。そして横山は、もと鯉沼の食客であった。鯉沼・横山・佐伯の三人が同志になったのはごく自然の成り行きだった。『東陲民権史』は、佐伯が以下のように横山に語り、横山が喜んで佐伯を鯉沼に紹介したと記している。

「凡そ革命の目的を達せんと欲せば、先ず其枢機を握れる大臣高官を斃《たお》さざるべからず。而して其大臣高官を斃すの事たる、尋常の手段にては不可なり。…予（佐伯）思ふに露国虚無党の秘器と称する所の『ダイナマイト』を製造して、之を今日に利用する時は、絶大の殊功を奏せんこと疑いを容るべからず」、と。ロシアの一八八一年（明治一四年）の爆裂弾での皇帝アレクサンドルⅡ世暗殺事件を念頭に置いてのことであろう。

鯉沼自身は、警察調書でこう語る（『加波山事件関係資料集』）。

「横山・佐伯等の申すに、ダイナマイト若しくは爆烈弾の製造法を知り得たらば革命も容易なりと云ふに依り、自分は先に福田某より聞たる事あれば、是非製造せんと専ら試験して終に彼迄に調整したるものなり」、と。この調書は以下のように続く。

鯉沼がかつて山形で斃牛馬処理会社を経営していた時に、処理の過程で石鹸を製造しようと福田に教えを乞うた。その時に福田は石鹸の製法を教えるとともに、その処理の過程でポスポル（燐）が生じること、それは爆裂弾の原料でもあり、何を調合すれば爆裂弾になるかも教えた。この知識から、爆裂弾の製法研究にあたった、と。

この「福田某」について私は福田定一郎と思い込んでいたが、近日、栃木県近代史研究の第一人者で、私の大学の大先輩でもある大嶽浩良先生から以下のご叱正をいただいた。

高橋哲夫氏の『加波山事件と青年群像』（国書刊行会）には、栃木師範学校の化学教授だった新潟医化学校出身の福田秀吾のご遺族の手紙が収録されており、それによれば鯉沼に爆裂弾製法を示唆したのは福田秀吾で、宇都宮大学の梅田欽治先生のご尽力で福田秀吾が栃木師範学校の教授だった事も確認されたという。福田定一郎の方は明治法律学校出身の急進派で水雷火の発明に腐心していたが、師範学校の化学教授ではあり得ない。この経緯は一九八四年の『加波山事件百周年記念集会』の報告集でも紹介されており、私の不注意を恥じるばかりだが、ともあれ大嶽先生のご叱正で真相が解明出来たのは幸いだった。

そして、栃木師範学校での福田秀吾の弟子の岩本新吉が、鯉沼九八郎に直接助力した。野島幾太郎の『加波山事件』は、以下を記す。

鯉沼が爆裂弾の製作に取りかかったところ、「種々に工夫を凝らしたり。さらにならず」と行き詰った。それを救ったのが岩本新吉である。岩本は鯉沼と同じ稲葉村出身で、栃木師範学校で福田秀吾らに学び、当時は長畑で小学校教員をしていた。「嘗て師範学校在学の時、化学上の教授を受け、其応用を知る」ゆえに鯉沼に協力したのだという。

さて、爆裂弾とはどんなものだったか。金属製の筒（茶筒）に紙袋に詰めた火薬と、周囲に鉄か鉛かあるいは小石の弾丸を配したもので、導火線を用いなくても、投弾の衝撃だけで爆発し、混入した弾丸が四散して殺傷力を発揮するものだった。火薬は衝撃に対しきわめて敏感な塩素酸塩系のものが使われた。暗殺用の武器としては極めて便利なものだったが、一方でこの敏感さは極めて危険な代物で、後に鯉沼と茨城の自由党員館野芳之助が製作中の暴発で、それぞれ片腕を失う大怪我を負っている。

しかし、最大の問題は、あくまでも個人の暗殺ではなく、「革命」のための政府高官を大挙に暗殺するための兵器として開発された点にある。それには、大量の爆裂弾が必要で準備に莫大な「金」がかかる。また、実行部隊もある程度の人数が必要となる。すなわち「人」の問題である。従来の研究が見落としてきた、この「金」と「人」の問題が検討されなければならない。

河野広体は警察でこう語った（『加波山事件関係資料集』）。

「鯉沼九八郎が自分へ申すには、此度の暗殺計画には下野には人物なき故、我一人の外は決死の士は福島地方にて募り呉れよ、金策並に爆裂弾の製造、刀剣類の購求方は栃木県に於て引受くべしとのことにて、其通り約束を致したり」、と。

まず、「福島の決死の士」である。加波山事件の参加者のうち、最大のグループは、正道館生を主力とする「民権壮士」たちである。加波山事件はこのグループの三島通庸暗殺計画から始まったように見える。しかし実は、そう単純ではない。

野島幾太郎の『加波山事件』は、鯉沼の爆裂弾研究は明治一六年一一月からだと記している。鯉沼と壮士グループとの出会いは一二月からだから、鯉沼が爆裂弾研究に取り掛かった方が早かったことになる。壮士グループからスポンサーを求めて鯉沼に近付いたという経緯も、鯉沼からすれば将来の政府高官暗殺計画の実行部隊を求めるという意味もあったのではないか。いずれにせよ、三島暗殺を決意していた壮士グループは、容易に爆裂弾による三島を含む政府高官大挙暗殺計画に飛び付いたのである。

河野広体は、福島と東京を計十三回往復しながら、積極的に「福島の決死の士」を得るためのオルグ活動に入る。まず飛び付いたのが、同じく三島暗殺を決意していた三浦文次である。そしてそれから、三浦文次は、精力的に会津地方をまわり、オルグ活動に入る。結果的には、会津からは原利八だけだったが、福島事件の支援壮士だった小針重雄も加わった。三春の杉浦吉副は、三春に帰った時の草野佐久馬・山口守太郎・小林篤太郎の誘いによる。こうして、加波山事件の主力部隊「福島の決死の士」が形成されていった。

次に、「栃木からの金策」であるが、これはそう簡単ではなかった。鯉沼九八郎は、寧静館乗っ取りの節で見たように、明治一七年二月の時点で、既に壮士たちを養うことすら出来なくなっている。政府高官暗殺計画のためには、何らかの「金策」が絶対に必要だった。しかし、鯉沼九八郎は、実質上明治一六年一一月からの新参党員。八月の自由党募金に五十円も応じているが、党員ではなく「賛成」と記されている（『自由党史』）。鯉沼の独力では、栃木自由党員からの「金策」など出来ようもなかったのである。そこで鯉沼は、慎重に栃木自由党幹部に近づいた。

爆裂弾用の火薬が完成したのは、明治一七年三月である。まず鯉沼は、それを佐伯正門の前で実験して見せた。

『加波山事件』はそれからをこう記す。

「(佐伯は) 思川河原における鯉沼氏の試験を目撃し、その分与を受けて栃木町に帰り、ただちに榊原経武氏を訪い、たまたまその席にありしところの新井章吾氏と榊原氏とを誘いて太平街道の芝塚山に至り、その効力を実験せしめ…」、と。

『眠雲小伝』はその様子をより詳細に伝える。『眠雲小伝』は、加波山事件五十周年祭にあたっての榊原の口述を記者が筆記し、榊原の添削を受けた上で発表したものである。

「十七年の春だったか十六年の秋かに、佐伯が鯉沼の所から爆弾用の火薬を持って来て、丁度わしの所へ新井君の来ている時だったが、そこにあった火鉢へ投入れて試して見ようと云ふのだが、新井もわしも様子を知らないことだし、不気味も手伝って、火鉢の試験はやめて坊主山…そこで三人が試験をやって見た。ホンの少しばかりを石に乗せて、佐伯が別の石で軽く叩いたーと云ふより撫《な》でた位だったが、ソレが大音響をたてて爆発し、思はず三人ともハットした。余程大きい音がしたと見えて、畑や田にいる人達がキョトンとしていた」と。五十年を経た榊原の記憶は、日時はあいまいだが、その衝撃をよく伝える。

五月初め、爆裂弾が完成した。鯉沼は「竹馬の友」大橋源三郎を誘って新井章吾宅を訪れ、爆裂弾の実験をして見せた。『加波山事件』は、そこで新井の「大いに義兵をあげて、藩閥政府を顛覆」しようという説と、鯉沼の「要路の大臣を暗殺するの奇策」が対立したと記す。後藤靖はこれに飛びついた。「挙兵」と「暗殺」とで決裂したというのである。とんでもない話で、「結局真成の死友と不日太平山に会しさらに協議するの議に決し相別れたり」と決まったのである。史料は全文読んでほしい。

そして、「時に五月の初旬、新井氏の宅に鯉沼・大橋の両氏会合せしときより後るゝこと十日ばかり」（『加波山事件』）、栃木町にほど近い「太平山の会」が開かれた。参会者は、新井章吾・鯉沼九八郎・大橋源三郎・佐伯正門・田村順之助・橋本政次郎・福田定一郎の栃木自由党のメンバーに加え、決定的だったのは、あの自由党本部の栃木巡回員の磯山清兵衛であった。他の者が爆裂弾の威力に驚くなか、福田定一郎は、「なおその成績いまだ満足ならず」という感想を述べる。自分も「水雷火」工夫中の彼らしい。

太平山の会の帰途、鯉沼・大橋は新井宅に寄り会合を開いた。野島幾太郎の『加波山事件』は、おそらくは鯉沼の口述をもとに、だれがどんな発言をしたかまで記す。

鯉沼「本日の太平の会、残らず決死の政友とは認め難し」。

新井「なんぞ死友の乏しきを憂えん…僕ただちに上京、同志糾合の任にあたらん」。

鯉沼「やめよやめよ…万々一々にも壮図違い、われわれあげて鼎鑊《ていかく》につくの不運あらば、誰がこの志をなすものぞ…ゆえにまた分かちて二た手となし、僕と大橋君とは暗殺軍の先鋒たらん…不幸にして武運拙く失敗せば兄はわが叔父道惟とともに後殿《しんがり》となりてこれに継げ」。

二氏（新井・大橋）「もって然りとなし、また横山信六・佐伯正門の二氏をして、爆裂弾の原料購求の資金を募集せしむることに決した」、と。

後藤靖は、鯉沼の最初の嘆きの発言だけを取り上げて、「太平山の会」は何の成果もなく終わった、などとねじ曲げた。とんでもない話で、ここで栃木自由党員からの資金募集が決まったのである。「太平山の会」は、爆裂弾による政府高官大挙暗殺計画の、現実的なスタートの場になったのである。

しかし新井章吾は前年の船遊会事件の保釈中の身で、六月一九日をもって重禁固八カ月の収監にはいった。その後は、自由党本部の栃木巡回員で「太平山の会」にも立会った、あの磯山清兵衛が受け継いだ。

野島の『加波山事件』はこう記す。

四九　筑波山の会

「且つ鯉沼氏は右の会合（筑波山の会）をおわりてただちに上京せんと欲し、爆裂弾製造の資金として、栃木町の代言人石沼佐一氏より金百円を受取り、また大久保菊十郎・鈴木幸次郎の二氏より金五十円を受取り行きたりしなり。しかして鯉沼氏は有一館幹事（磯山清兵衛）署名捺印の同館設立の寄付金受取証を預かりいたりしをもって、この証書を流用し、もって憂を他日に胎さざらんことを勧めたり」。

五二　延遼館宴会（新華族祝賀宴会）についての企て

「有一館の幹事磯山清兵衛氏、またこの謀議にあずかるもの、すなわち鯉沼氏は、その所持の金円とあらかじめ横山信六氏をして、新井章吾氏の妻種子より四十円、鯉沼氏の父兵弥氏より三十五円、田村順之助氏より五十円、その他より若干額を受取らしめおきたるものとをあわせて約四百円ばかりを磯山氏に交付し、もって同氏をして薬品および必要の物品を購求せしめたり。これよりさき中山丹次郎氏も出京のみぎり、磯山氏を訪い、前約を履んで五十円を渡し、その席において野沢四郎左衛門氏また五十円を渡したり」。

この記述によれば、鯉沼・横山の手をへた約四百円、中山丹次郎・野沢四郎左衛門より直接手渡された計百円、総計なんと五百有余円もの大金が磯山清兵衛のもとに爆裂弾製造資金として集まったというのである。

それでも『加波山事件』は二次史料だから信用出来ないという向きには、『加波山事件関係資料集』の証言から、以下を紹介しよう。

大久保菊十郎調書「（六月日は失念）自由党本部磯山清兵衛なる者鯉沼九八郎と同道にて自宅に参られ、寄付金募集の趣を談ぜられたるに付、手許に有合せざるを以て延期を乞ふたる処、清兵衛の申すには、本部迄送金するは手数なれば、鯉沼九八郎へ送り候も不苦旨を申聞けたるに付、鯉沼へ右拾弐円五十銭を預けたる義に有之候」。

磯山清兵衛は鯉沼と「同道」までして、金は鯉沼に預けろと指示しているのである。

太平山の会で鯉沼の爆裂弾実験に立ち会った磯山清兵衛が、それが爆裂弾製造資金に流用されると知らずに鯉沼に自由党本部への寄付金を預けさせた、という理解は到底不可能である。新井章吾収監後、磯山清兵衛が、鯉沼九八郎と協力しながら爆裂弾資金を集め、最終的には磯山がそれを管理したのである。

以上で、「爆裂弾」も、「人」も、「金」もそろった。いよいよ政府高官大挙暗殺計画がスタートして行くのである。

有一館――自由党本部の「壮士養成所」

さて、明治一七年三月自由党大会行動綱領の第三の「文武館」の設立であるが、六月下旬にほぼ完成した。

『自由党史』は、以下を記す。

「事未だ豫期に達せざるも、猶《な》ほ茲《ここ》に数萬の資を挙ぐるを得たり。是に於て先ず文武研究所を創設せんとし、…六月下旬に至て略《ほ》ぼ竣成を告ぐ。名《なづ》けて有一館と称す」。

主幹（館長）内藤魯一。幹事　磯山清兵衛。

正式な開館式は八月一〇日だが、実質上の開館は六月下旬であった。密偵報告書も「本月（六月）二十日頃武一方の開業式を行う」（『加波山事件関係資料集』）と一致する。

館生は府県からの寄付金によって人数が決められた。寄付金一千円に対し一名の割合である。多い所をあげれば、高知八人、新潟七人、神奈川六人、東京六人、栃木五人といったところである。例えば、栃木では五千円もの寄付金を出したことになる。

ただし、有一館規則の「第九条　本館員外より演武を望むものは外来生として之を許す」（『自由党史』）により実際はかなりルーズだった。加波山事件グループのうち、正式な館生は佐伯正門・平尾八十吉・保多駒吉だけだが、実際は「外来生」として、正道館生を主力とする「民権壮士」グループはもちろん、横山信六も杉浦吉副もこの館を根城にしていくことになる。これらの加波山事件の被告たちは、警察の取り調べで身分を問われると、誇り高く「有一館生」であると答え、住所を問われると、有一館の住所を答える者が圧倒的に多い。時には、よく事情を知っている取り調べ官にあたり、まさかあのエリートの

「有一館生」ではあるまいと突っ込まれると、あわてて「外来生」であると言い訳する。出来れば被告たちの調書を読んで、この雰囲気を知ってほしいところである。

　次節で述べるように、東京での政府高官暗殺計画、すなわち新華族祝賀宴会襲撃計画は、この有一館が準備の舞台になったのである。ただし、この時は壮士グループの多くがまだ東京に集まってはいなかった。しかし、次々節で述べるように、祝賀宴会襲撃が中止になった後、壮士グループは「全員」この有一館で寝泊まりし、次の機会に備えるのである。

　こうした有一館の性格をよく物語るのが、八月一〇日の正式な開館式のようすである。（『自由党史』。明治一七年八月一二日付の『自由新聞』から引用している）。

　板垣退助をはじめとするそうそうたるメンバーが列席するなか、まず「開館の主旨」を、館長の内藤魯一に代わり、幹事の磯山清兵衛が代読した。それはいわゆる「文武両道」を説く、ごく普通の内容である。内藤魯一は次の「演武」のために、この「主旨」の朗読を遠慮したのだろう。

「尋《つ》いで内藤魯一先ず影山流の居合を試み」、それに五人の各流派の達人の演武が続く。「是より館生数十名、交《こもご》も数番の撃剣を試み、互に勝負あり」。三人抜きをした者には、『優者取之、有一館』と書いた朱泥の盃を与える。この盃をもらった者、三十七人。

ついで、板垣退助が「祝詞」を述べる。冒頭からものすごい。

「夫れ本館設立の趣意たるや、文を修め武を講ずるに在りと雖ども、文は則《すなわ》ち之を他の学館に譲り、其主とする所は武に在るなり」。

「文」は他に譲り、主とする任務は「武」であるというのである。

板垣は、さらに続ける。「蓋し諸君は茲《ここ》に見る所あり、其文弱の弊を救ひ、以て尚武の気を振はさんことを謀り、此館を開くに至る。豈《あ》に之を快ならずと謂はん哉《や》」。館を開いたのは、「尚武の気を振はさん」ことを目指してであった。

そして、『自由党史』は続けて、「練武の風これより盛なり」の小見出しで、

「有一館の設置せらるや、諸県風を聞いて皆な心を武事に傾け…信州小諸の文武館、常州下館の有為館、土佐高知の聯合各社の如き最も盛なりと称せらる」、と。

有一館を、かつて長谷川昇が「明治一七年の自由党」(『歴史評論』、一九五四年)で評したように、壮士取締のための施設だなどと、一体どのような「文学的想像」、いや〝妄想〟を働かせれば出てくる結論なのだろうか。

まさに、有一館は自由党本部の実力部隊、「壮士養成所」として生まれたのであった。

新華族祝賀宴会襲撃計画

明治一七年七月七日、明治政府は華族令を制定した。旧華族に加えて、明治維新以来の「功労者」を新しい華族とし、あらためて爵位を与えて世襲の特権身分とした。来るべき大日本帝国憲法発布の準備として、将来の「貴族院」構成メンバーを確保したのである。

新しい身分制度創出に、世間は唖然とした。『自由党史』はこう記す。

「久しく独逸《ドイツ》の制度に私淑《ししゅく》せし結果は、忽《たちま》ちにして華族令の新設となり、建国以還《いかん》絶へて其例なき公侯伯子男の爵《しゃく》を創始し、遽然《きょぜん》として皇室と臣民との中間に貴族制度を施《し》いて、所謂藩屏《いわゆるはんぺい》なる者を造れり。実に明治十七年七月七日なり。此日爵を授かる者五百余名、而して、特旨を以て新華族の列に加はる者、亦た寡《すくな》からず、山県、伊藤、西郷、黒田等、薩長出身殊に夥《おびただ》し」、と。

新華族に加えられる明治維新以来の「功労者」とは、即ち明治専制政府の高官に他ならない。ちなみに、あの薩摩閥の三島通庸県令は後に子爵に抜擢された。国民を苦しめてきた政府高官たちが、新華族に列せられたのである。国民の怒りは頂点に達した。

その、新華族の祝賀宴会が七月一九日、東京・芝の延遼館（現在の浜離宮）で開催されることが決まった。政府高官大挙暗殺の絶好の機会でもあり、襲撃が実施されれば、世間は襲撃メンバーを拍手喝采で迎えるに違いなかった。これを知った加波山事件グループは、早速その祝宴の襲撃計画を立てるにいたった。

彼らはこの祝宴実施を、新聞紙上で知ったという。たしかに、『自由新聞』の七月一〇日付紙面の「雑報」欄に、この祝宴の予告記事がある。

襲撃計画が決まったのは、七月一三日。杉浦吉副はこう供述する。

「七月十三日源《ママ》次郎方にて、佐伯正門、横山信六、河野広体、鯉沼九八郎、並に自分の五人なり」、と（『加波山事件関係資料集』）。

七月一三日、東京の鯉沼の下宿、飯塚伝次郎方で計画が決まったのである。鯉沼・佐伯・河野供述も、場所・人員とも完全に一致する。

しかし、具体的な準備は、すべて有一館で行われた。以下がその証拠である。

第一、先に「爆裂弾による政府高官大挙暗殺計画」の節でも引用したように、栃木自由党からの五百有余円の金の管理者（『加波山事件』）、そしてその金で佐伯・杉浦が購入した爆裂弾製作用薬品の管理者（『加波山事件』『東陲民権史』とも）は、有一館幹事の磯山清兵衛であった。

第二、爆裂弾製造者は、佐伯正門と横山信六であり、場所は有一館である。この点は、鯉沼・横山・佐伯・河野のすべての供述が完全に一致する。（『加波山事件関係資料集』）

第三、爆裂弾の保管場所は、有一館の佐伯正門の自室であった。（後述参照）

ところで、この計画は、中止になってしまうのだが、宴会自体が無期延期になったからだとする『加波山事件』『自由党史』の記述と、準備不足からだとする『東陲民権史』の記述は大きく違っている。実は、両方とも正しい。

『自由新聞』は七月一六日にも延遼館宴会の記事を大きく掲げながら、以後宴会の記事は一切ない。一方、一九日付「雑報」欄には、伊藤博文が一七日から富岡へ海水浴に出かけているとの記事がある。何らかの危険を察知して、無期延期になったのは事実だろう。

準備不足も事実である。草野佐久馬、山口守太郎が着京するのは、「宴会」予定だった七月一九日。五十川元吉、小林篤太郎、天野市太郎、琴田岩松はもっと遅れた。三浦文次、原利八、小針重雄にいたっては、上京の体制すらとれていない。当時の交通事情のなかで、絶好の機会とはいえ、わずか六日間の準備ではやはり無理があったのである。

さて、この時に造って佐伯が押し入れに隠していた爆裂弾であるが、実に残念なことに、九月一〇日、門奈茂次郎・河野広体・横山信六・小林篤太郎による質屋強盗に使われた。佐伯正門の有罪の決め手だったので、その入手経路の経緯は厳しく調べられた。

佐伯供述「(爆裂弾)紛失前に河野が貰ひたしと申したることより、其節何に使用するかと問ひたるとき、何に使用も未だ分らずと答へたるゆへ、望みに応ぜざるなり」。

河野供述「自分は正門に貰《もら》ひたいと申したるに、正門も入用のことあるかも知れぬから遣《や》る訳にはいかぬと断られ、其話を横山信六に為したるに、同人に於て其れは訳のなきことゆへ佐伯に話して貰ひ来ると申し、其れより佐伯方(有一館の佐伯の部屋)へ至り、破烈丸四個持参したり」。(『加波山事件関係資料集』)

残念な事件からの傍証であるが、爆裂弾は有一館の佐伯が保管し、横山はその隠し場所を知っていたのである。

以上のように、七月一九日の延遼館の新華族祝賀宴会襲撃計画は幻に終わった。しかし、彼らの政府高官暗殺計画が「有一館」で準備され、その最初の決行予定地が「東京」であったことは、銘記されたい。それは、加波山事件の全体像の解明にとって、後節で叙述していくように、決定的な意味を持っているのである。

栃木県庁開庁式襲撃計画

結論を先にすれば、加波山事件グループの次の襲撃計画は、宇都宮で挙行される栃木県庁新庁舎開庁式襲撃計画となって結果した。

三島通庸は栃木県令兼任以来、福島でやったと同様に、会津から栃木へと通じた道路をさらに東京へ向けて伸ばすべく、住民負担のもとで道路建設を行った。それ以上に住民を怒らせたのが、県庁を栃木町から宇都宮町に移転させたことだった。栃木町は自由民権派の拠点となった町であり、それを嫌って宇都宮に県庁を移そうというのである。もちろん、豪勢な新庁舎建設には莫大な経費もかかった。それも住民負担である。

その落成の開庁式が九月一五日に行われるという情報が、加波山事件グループに入った。そこには県令三島通庸はもちろん、三条実美をはじめ政府高官たちも祝賀に多数が出席する。それを狙おうというのである。政府高官大挙暗殺という絶好の場であるだけではなく、延遼館の新華族祝賀宴会ほどではなくとも、人々の怨嗟の象徴として、この開庁式は襲撃の格好の場であるように見える。

しかし、この計画にはその出発から謎があり、ここからグループの間で不協和音も目立ってくる。

まず、計画発動の謎から解き明かそう。この時期のグループの動きである。

鯉沼九八郎と河野広体は、延遼館襲撃計画中止の直後、七月二〇日から八月二三日まで、東京を離れ、栃木、福島をまわっている。同志の上京を促すとともに、爆裂弾の改良のための最終実験を岩本新吉・大橋源三郎と行うためだった。実験は「好成績」だった。

一方、同志たちは続々上京し、有一館に結集した。五十川元吉も有一館に入ったが、その時既に以下のメンバーがそろっていたという（『加波山事件関係資料集』）。
「其時既に小林・草野・山口・平尾等来り居り。続て、琴田・杉浦・天野来りたり」。

前節で見たように佐伯正門・横山信六は既に有一館で寝起きしていたし、正道館生など加波山事件の実行部隊の主力メンバーはほぼ「全員」が有一館に集結したのである。

さて、栃木県庁開庁式襲撃計画の発動であるが、野島の『加波山事件』は鯉沼・河野が東京に帰ってきた八月二三日の夜、鯉沼下宿で始まったとする。「時に天外の一大飛報あり。…曰く、宇都宮における栃木県庁落成式の期日切迫せりと」。ここから、襲撃計画が始まったというのである。

ところが、他の参加者の供述は、まるでばらばらである。しかし、草野・山口・天野・琴田の四名までが、襲撃計画が始まったのは、有一館だと供述しているのである。特に、山口守太郎供述は、鯉沼も河野もいないところで、つまり八月二三日以前から有一館で計画が進んでいたと、はっきりと証言する。

そして、小針重雄は以下を供述する。決定的史料である。三浦文次・原利八・小針重雄の三名は、まだ福島県に在った。そこで、以下の動きがあったというのである。

「抑も自分は、明治十七年八月初旬頃、福島県西白河内十六ケ村の国道修繕の受《（ママ）》負人と為り従事致居たる処…同月十五日頃、白河に於て此又知己なる河野に面会す。同人申すには…東京に於て万事協議を為すに付、同行せよと勧むれども、自分に於て其意思は頗る賛成致せども、如何せん目下道路修繕担当の任にあれば同行するを得ず。…同月十六、七日頃三浦再び帰り来りたり。然るに予て同人へ宛てたる河野の書状到来に付、之を相渡し…而して三浦又申すには、栃木県下に行き活発なる運動を為すに付同行せよと勧むれども、此又担当の任未だ解けざるを以て、不本意ながら同行することを断りたり。依て三浦は原を連れ栃木を指して旅行せり」。（『加波山事件関係資料集』）

ここには、重大な問題が潜んでいる。

八月一五日には、河野は小針を東京へ誘った。しかし、一六日か一七日、小針重雄のもとに届いた三浦文次宛の「河野の書状」を読んだ三浦は、「活発なる運動を為すに付同行せよ」と、小針を「栃木」へと誘い、三浦自身も原を伴って「栃木」へと向った。この「河野の書状」が栃木県庁開庁式襲撃計画を知らせる手紙であったことは間違いない。

そしてまた、この「河野の書状」が、実は河野の書状ではないことも明らかである。「栃木県庁開庁式襲撃計画」を河野が知るのは、先述したように、八月二三日の帰京後である。くりかえすが、八月一五日には河野は小針を「東京」に誘っているのである。

三浦文次はどう言っているのか。三浦は、「明治十七年十一月十日」の予審調書において、堂々二五〇〇字にわたる陳述をする。覚悟を決めた立派な陳述である。ところが、最後にわざわざ以下の「供述変更」を自分から申し出てしまった（『加波山事件関係資料集』）。

「就《つい》で申す。先に裁判所検事及び警視庁に於ての申供中、東京より河野が小針へ通信書面到来云々の事、申立過ぎたる処、右は全く事実無之空虚の事に付、取消あらんことを希う」、と。「河野の書状」の存在自体を否定しようとしたのである。

しかし、これは大失敗だった。逆に翌日、何故供述変更を申し出たのかが厳しく追及され、手紙が東京から小針気付で三浦宛に来たのは事実で、内容は、「東京へ出る事は見合せ下館有為館へ至り呉れとの事柄」だった事を認めさせられた。「東京へ出る事は見合せ」、つまり「東京での決行を変更する」手紙だった事を認めたのである。そして、先の小針の供述によれば、三浦は実は「下館」へではなく、「栃木」へと向かった。即ち、結果として栃木県庁開庁式襲撃を指示した手紙であったことを、事実上認めさせられたのである。

しかし、この「河野の書状」であり得ない手紙が、実は誰からの手紙であるかだけは、絶対に口を割らなかった。そもそも大失敗した供述変更自体、誰をかばおうとしたのか。

そして、この手紙の差出人は、鯉沼九八郎・河野広体の不在のうちに、次の暗殺計画を発動出来るような鯉沼・河野よりはるかに格上の人物で、絶対に関与を秘密にしなければならない人物であったのである。

さて、謎解きは意外に簡単である。長谷川昇の「明治十七年の自由党」（『歴史評論』、一九五四年）は、有一館長内藤魯一の「雑報」と名付けられた覚書を紹介する。この「雑報」はなぜか、加波山事件の起こった九月二三日で終わっている。加波山事件に直接関係する記述は、以下の三点である。

○七月三十日　福島県西白河郡矢吹村長尾半次郎方　小針重雄へ書状を出す
○八月十四日　小針及太田松次郎宛郵便
○八月十七日　一、草野、山口、杉浦、天野、琴田の五人を招く

内藤魯一が、七月三十日と八月十四日に、小針重雄に書状を出しているのである。

逓信博物館資料室のご教示によれば、当時の郵便事情は飛脚制度の伝統の上に、意外なほど迅速である。明治八年で、白河二月八日投函の手紙が二日後の一〇日には東京へ届いているという。矢吹村には明治五年から郵便局が設置され、その事情を考えれば、遅くも東京で投函した日の三日から五日後までには到着するだろうとのご教示だった。

○内藤から小針への一回目の手紙。七月三〇日投函、遅くも八月二～四日までに着。
○内藤から小針への二回目の手紙。八月一四日投函、遅くも八月一七～一九日までに着。

二回目の手紙の到着する「遅くも八月一七日～一九日」とは、まさに小針気付三浦宛の「河野の書状」の届いた日付と完全に一致する。「河野の書状」が実は内藤魯一からの三浦文次宛ての手紙だったとすれば、今までの謎は、すべて氷解するのである。

もちろん、鯉沼・河野よりはるかに格上の有一館長の内藤魯一ならば、鯉沼・河野不在

のもとでも新しい暗殺計画を発動しうる。内藤魯一の関与を隠すために、差出人には河野広体の名を使ったのである。小針重雄気付としたのは、福島事件の二次訴訟で有罪となり逃亡中の三浦文次への連絡係が、小針重雄だったからである。

「河野の書状」の秘密を、必死に守り通そうとした理由については、言うまでもない。内藤魯一が栃木県庁開庁式襲撃計画の中心に位置していたことが知れれば、その時点で、有一館はおろか、おそらくは自由党も壊滅し、「後挙」への期待も消滅する。

わずか半月の間に、二回も手紙を送った理由も、自ずと明らかになる。七月三〇日の手紙は、上京を急がせる手紙。八月一四日の手紙は、栃木行きを急がせる手紙。

もしこれに反論するのであれば、東京ではなく栃木へ行けという、東京からの小針気付・三浦宛書状が、内藤魯一以外の一体誰からの手紙だったのか、推論でよいから示されたい。河野広体からではあり得ないのである。他方、八月一四日投函の内藤魯一から小針宛の手紙が、これ以外の一体何であったのかも、推論なりとも示してもらう必要がある。

○八月十七日　一、草野、山口、杉浦、天野、琴田の五人を招く

内藤魯一の「雑報」の、こちらの方の記述はどうだろうか。先に見たように、草野・山口・天野・琴田の四名までが、栃木県庁開庁式襲撃計画は、有一館で決まったと供述して

いるのである。もちろん内藤魯一の名は、一言も口にはしなかったのであるが。厳しい取り調べの中で、最年少は十七歳という若者たちが、この秘密を守り抜いたのである。驚異である。山口守太郎は秘密を守り抜いたまま取調中に獄死した。どんな拷問にかけられたか、想像に難くない。それでも口を割らなかったのである。

『加波山事件』一九〇〇年刊行、『東陲民権史』一九〇三年刊行、ここでも生き残りたちは、口を閉ざしていた。

ようやく内藤魯一本人が口を開いたのは、加波山事件から二四年もたった、一九〇八年のことであった。芝の青松寺での加波山事件殉難者追悼会の席上、板垣退助に促されて、「自由党の秘密を初めて明かす」と前置して、内藤魯一は以下を語った。

「諸君、有一館は当年政府の暴政と峻法酷律に対抗してできたもので、…魯一は館長として単刀直入壮烈鬼神を泣かしむるていの刺客《しかく》（暗殺者）養成所に供したのであった。…諸君、自由党が解党したのは実力をもって暴政府に当らん意図であった」、と。

服部之総は「明治維新における指導と同盟」（『著作集』第五巻所収、一九四九年）でこれを紹介する。そして、加波山事件を、「諸地方の自由党員は人民の先頭に立って革命的に感覚し、…おりからの『ロシア虚無党事件』（アレクサンドルII世暗殺）に刺激されて新時代の革命的武器たる爆弾によるテロリズムと伝統的な一揆主義に結びついたことはきわめて自然の成行であった」、と評した。

それに対し、長谷川昇は、あたら貴重な史料を紹介しながら、「明治十七年の自由党」（『歴史評論』、一九五四年）で有一館を壮士取締の機関とし、内藤魯一と彼らの接触を、断固として暴発を押さえるためだったとするのである。私は、一九八四年の『加波山事件研究』では、長谷川昇批判にかなりの精力を割いたが、もうその気もないし、必要もないだろう。今回はこれでやめておく。

次の問題に移ろう。

磯山清兵衛と佐伯正門が、この栃木県庁開庁式襲撃計画の段階では脱落するのである。新華族祝賀宴会襲撃計画までは、栃木での資金集めから、金の管理、爆裂弾用の薬品の管理まで、その中心にいた磯山の脱落とはどういう事情によるのだろうか。磯山は預かった金の拠出まで拒否するのである。野島幾太郎の『加波山事件』は、口を極めてこの変節をののしる。野島の記す磯山の「遁辞」は以下のとおり。

「非常手段の費用として多少金円を預りおきたるは君らの言のごとし。…（しかし）余の託されおる金はもとより余の有にあらずして、…すなわち栃木県同志者の有にして、君らと余とは専有の権なく、したがって私用の権なし。ゆえに今回の君らの非常手段も、無論栃木県の同志者の承諾を経て着手する次第にもあらざるべければ…いわゆる私闘たるにすぎざるなり。…すなわち栃木県の各出金者に照会の上、いずれとも確答せんと」。

「今回の君らの非常手段」が栃木県庁開庁式襲撃であることは明らかだが、なぜそれが「栃木県の同志者の意に反する私闘」なのか、ここでは説明がない。しかし、野島幾太郎の『加波山事件』は、佐伯正門の記述の中に解答をひそめている。（一六九頁）

「さるほどに一方の磯山清兵衛氏は有一館において、ひそかに佐伯正門氏に語りて曰く、初志の如く東京に事を挙ぐるの目的は、決して変ずべからず。大事をなすは東京にあり。…故に余は一旦茨城に帰り、もって同志を募らんと欲す。君もまた千葉・茨城を遊説してはいかんと。佐伯氏これを諾し、即日磯山氏は両国橋辺より銚子行の汽船に投じて去り、佐伯氏は別路、千葉県下を遊説したるも、ついにその同志をもとむるを得ず」、と。

要するに、暗殺は東京でなければならないというのである。磯山清兵衛の調書はないので直接ではないが、佐伯正門についてはいくらでも東京へのこだわりを立証出来る。

佐伯は、自分は逮捕される事はないと、有一館で悠々としていたところを逮捕された。

河野の供述が決め手だった。河野は、他に同盟者あるかと問われ、以下を答えていた。

「佐伯壱人あり。此者は同時に東京に事を挙ぐる筈なりし」。

逮捕を不満とする佐伯は、河野との対審を求め、分離裁判では例外として、栃木に護送された。そして、河野の調書を突き付けられ、ついに以下を供述した。

「此迄正実の申立をなさざる理由は、河野等大臣参議を東京に要撃せんことの一大事を約した以上は、事半途にして万一発覚するも決して此の事を白せざる旨約せしものなるに、小川町に強盗を働き、又僅々の人数を以て加波山に暴動を起す等、実に拙劣、切歯に堪へず。之れ等の者と同謀者たるの不名誉を厭《いと》てなり」（以上『加波山事件関係資料集』）。

しかし、栃木県庁開庁式襲撃については断固として関与を否定する。

「自分東京に事を揚げ而して後地方に及すと云ふは自分持論なり。故に此事に関せず」。

「河野が愈《いよいよ》地方に出づると云とき、君等地方に事を為すの決心なれば仕方なきが、自分思考するに夫れでは約束違なるに付、一人なりと雖ども自分は東京に好機会を待て決行する見込なりと申せしことあり」（『加波山事件関係資料集』）。

ついに、検事鈴木忠告は、佐伯は国事犯を適用しない限り有罪に出来ないがどうするか、という「伺書」を栃木軽罪裁判所あてに提出している。結局佐伯は、河野の質屋強盗への爆裂弾提供という罪だけで裁かれた。

これだけの「東京」へのこだわりは、まさに見事な「確信犯」としか言いようがない。磯山清兵衛も、先述の如く野島の『加波山事件』が、磯山が「大事をなすは東京にあり」と佐伯に指示した、と記すように、やはり東京へのこだわりとしてよいだろう。

しつこいようだが、「東京」での暗殺決行にこだわる有一館幹事磯山清兵衛の反対を押し切って、「地方」での暗殺決行即ち栃木県庁開庁式襲撃計画を発動出来る人物などは、有一館長内藤魯一しかいないのである。

それでは、鯉沼・河野らには、こうしたこだわりはないのかといえば、そうではない。河野はこう供述する。

「九月二、三日頃、鯉沼の出立したる当日なりと覚えたり、始めは一同東京に於て運動、即ち暗殺を実行する心得にて、其方法を協議したるに、東京のみにては其時を得難く、依之東京と地方と二手に別れ事を挙ぐる事に議決せり。是れは自分最終に上京したる時にて、横山・佐伯は東京に在り、鯉沼・自分は地方に在って事を挙ぐるの約定なり」。(『加波山事件関係資料集』)

鯉沼グループも東京にこだわっていた。最初の計画は東京での暗殺だったのである。そして、地方での暗殺が決まった後も、ずっと最主要メンバーとして別格であり続けた佐伯と横山を東京に残す予定だったのである。横山は質屋強盗で追われて地方に行ったが、佐伯は一人残って東京での活動を探るのである。

キーワードは「東京」。暗殺などどこでやっても同じではないか。彼らは決してそうは考えなかった。そもそもの初発から、佐伯が「革命のための」と形容した「政府高官大挙暗殺計画」とは何であるのか、既に我々はその結論に近づきつつある。

とまれ、栃木県庁開庁式襲撃計画は発動した。彼らは有一館から次々と栃木へ赴いて、鯉沼の家と、大橋源三郎の家に別れて泊まり込みながら、爆裂弾づくりに取り掛かった。ところが、鯉沼が製作中の爆裂弾の暴発事故から一行は逃亡し、茨城下館の富松正安の有為館にかくまわれることになるのである。そこからは、次節で述べたい。

富松正安の有為館への逃亡

栃木県庁開庁式襲撃を目前にひかえた九月一二日、事故が起きた。稲葉の自宅で爆裂弾製造中に、鯉沼九八郎が誤って暴発事故を起したのである。鯉沼は、左腕を飛ばす重傷を負った。鯉沼は、壬生町の石崎病院に担ぎ込まれた。院長石崎鼎吾が自由民権派であるとともに、名医だったからである。爆発音も大きく、このままでは警察の探索も予想された。残った一行は潜伏先を求めて、小久保喜七が館長を務める茨城県中田の文武館を頼った。

そこに、有一館生で富松正安の「股肱《ここう》」保多駒吉が居合わせた。保多は富松正安の茨城県下館の有為館への潜伏を勧め、富松への紹介状を書いた。富松正安は一行を快く迎えた。そこで一行は、有為館で襲撃の準備をしながら開庁式を待つことになった。

以上が、事故の顛末である。ここで、富松正安や小久保喜七らの茨城グループが登場するのである。

小久保喜七・館野芳之助

小久保喜七は、茨城県中田の自由党員で、文武館を開き二十人ほどのグループのリーダーだった。後年国会議員になるが、彼の尽力で一九一〇年、加波山事件参加者を顕彰する「殉難志士表彰に関する建議案」が帝国議会で採択されている。

山口守太郎はこう供述する。（『加波山事件関係資料集』）

「下館（富松正安の有為館）に於て誰云ふとなく、自分等が宇都宮に事を挙ぐれば、小久保等は二十名斗りもある故、東京に於て事を挙ぐるとのことを咄せり」。

『東陲民権史』は以下を記す。

「是夏（明治一七年）、館野芳之助・小久保喜七等、西葛飾郡中田町に館舎を設け、文武研究の門を開く。小久保館長と為り、…館野は別に思ふところあり。其家に居て、四方外交の事に当る」。

館野芳之助の「外交」とは何だろうか。やはり、『東陲民権史』である。

「是より先、館野芳之助は、急進論者の一人として、革命旗を府下＝東京＝に翻さんものをと、日夜心志を挙兵の一点に焦し、又小堤の自宅に在るや、夥多の爆弾を製出せんと、専ら之に従事したり」。

「東京挙兵」のための爆裂弾の製造方法を探る事が、まずその「外交」の第一歩だった。

野島の『加波山事件』によれば、館野は八月一二日、鯉沼を尋ねて爆裂弾製法を聞こうとしたが断られた。しかし九月一〇日、その製法は同じく東京決行論者の佐伯正門が教えた。そして、館野は、鯉沼と同じ九月一二日に爆裂弾事故を起し、右腕を飛ばしている。

佐伯が館野に爆裂弾製法を教えた場面は、以下である（『加波山事件』）。

「佐伯正門氏は一日茨城県に赴き、館野芳之助氏をその小堤村の自宅に訪い、暗に当今の弊政改革は非常手段によるのほか、他にその路なき所以を説けり。館野氏これに応じて曰く、僕もすでにこの志あり。今やその準備として爆裂弾製造の研究中に属すといえども、残念なるかな、いまだ好成績を得ずと。すなわち佐伯氏は鯉沼氏発明の製法を伝え、…さらに近日のうちに東京において相会せんとのことを約して、翌朝別れを告げ…」、と。

要するに、小久保・館野は、「栃木県庁開庁式襲撃」と呼応しての、「東京挙兵」計画をもっていたのである。加波山事件グループを幇助したのは、何の不思議もない。

さて、この館野の爆裂弾暴発事故だが、富松正安を解明する上で決定的なカギとなったのである。それはまた、館野らの「東京挙兵」の計画の立証を補強する。

富松正安・保多駒吉

さて、肝心な富松正安である。彼は、下館の自由党員、この時期に有為館を開設したばかりである。というよりは、大井憲太郎につながる関東決死派のリーダーの一人として注目されてきた人物である。後藤靖の立論を典型に、「革命的民主主義派」＝「挙兵派」のリーダーと目され、「孤立分散」の「テロリズム」とは対局に立つ活動家だとされてきた。それが何故、推されて加波山決起の首領となったのか、そこが謎だった。従来の研究では、いわゆる「義理人情」でこれを説明してきた。

しかし、その真相解明の突破口が見つかったのである。館野芳之助の調書が、『加波山事件関係資料集』に収録されていたのである。

それには以下の事情があった。館野芳之助も、鯉沼と同じ壬生町の石崎病院に入院していたのである。一九八〇年、栃木県の先生方とフィールドワークで、石崎病院を訪れる機会があった。その時、奥様から意外なお話を聞いた。「鯉沼が入院した後、もう一人爆弾で入院した者がいると聞いています」と。たしかに、『明治叛臣伝』で河野広体は、館野芳之助も「鯉沼と同じく石崎病院に入院した」と語ってはいる。事実だったのだ。

とまれ、鯉沼九八郎も館野芳之助も、石崎病院から同じ栃木警察署に拘引され、同じ栃木監獄署で取り調べられたのである。それゆえ、稲葉誠太郎が発見した「秘密書類」のなかに調書を残し、今我々が『加波山事件関係資料集』で見る事が出来るのである。

さて、館野の取り調べである。館野は怪我を頑強に「花火」のためだと言い張った。しかし、鯉沼は、館野が爆裂弾製法を聞きに来たということを早くも供述していた。実際に教えなかったのだから、構わないと思ったのだろうか。それでも館野は否認した。しかし同じ栃木監獄署である。ついに鯉沼が呼び寄せられ、鯉沼は館野が爆裂弾製法を聞きに来たことを館野の目の前で証言した。ここで、ついに館野は観念した。

「誠に恐れ入り候。斯くなる上は最早潔白に申立つべし。…露国虚無党が露国帝王を暗殺したるが如く、我国大臣参議を要撃し、革命を行うの心得なり」。

しかし、口述を読み聞かせられ、以下の「供述変更」を自ら申し出る。三浦文次もそうだったが、自発的な「供述変更」は、とかく大失敗に終わってしまうようである。

まずはこれに始まる。

「自分は露国虚無党の如く決行すると佐伯と談示た様有之候得共、右様申立たるにあらず」、と。本来の持論が、「暗殺」ではなく「東京挙兵」にあった館野としては、これが我慢出来なかったのだろう。では、どんな計画だったのか。

「然れば我れと共に為さんかと申したるに、同人（佐伯）も直ちに承諾、其場に於て盟約せり。然して佐伯に何れに参るやと申したるに、水戸表迄参ると云ふに付、然れば同月十四日迄には当所か又は下館迄必ず帰り参る可しと約し相別れたり」。

「自分は十四日迄に必ず参れと申したるものは、已に富松抔と盟約、栃木県開庁式則ち九月十五日に事を挙ぐるの必算なれば、斯く申したるなり。尤も佐伯には富松と相談致したることは当時噺さざるなり」。

「富松より自分へ談示したるとき、同人及び自分等の目的は、栃木県庁開庁式に臨まる る大臣参議を暗殺せば、必ずや国内の騒擾ならん。その騒に乗じ我にも金穀及び義兵を募り革命を行ふの目的なり。斯く決心したも、鯉沼は必ずや目的を遂ぐる者なり。然れば自分等も懸疑の為め逮捕鉄窓の裡に眠食するに至るも亦必然なれば、寧ろ其予備を為して、鯉沼の挙ぐるを待ち共に事を挙げんと約したるものなり」。

つまり、富安正安も、館野芳之助・小久保喜七と同じく、鯉沼らの〝暗殺〟と〝呼応〟しての「東京挙兵」計画を持っていたのである。

この「鯉沼は必ずや目的を遂ぐる者なり」という確信は、終始一貫している。この供述の最後に、警部図師崎は以下の挑発をした。

「(そのような計画は)進退鯉沼の挙動に任するものの如し、苛《いやしく》も革命を議する男子が盟約したる上、如斯卑劣の振舞なる謂はれなし」。

それに対し、館野はこう答える。

「仰せ御尤の次第にして偏《ひとえ》に鯉沼の進退に任せたるものの如くなれども、左迄の義にも無之。已に其計画を為す上は必ず開庁式には事を挙ぐるの決心なり。併し鯉沼も同日事を挙ぐる事は必然の事と信じ、同人等と戮力(力を合わせ)目的を達するの見込みなりし」。

これが、後藤靖がレッテルを貼った「革命的民主主義派」と「テロリズム」の間の本当の関係、即ち「戮力《りくりょく》」（力を合せ）という〝連帯〟の関係であった。

さて、河野広体は、公判で好んで「小運動」と「大運動」という言葉を使った。

「小運動即ち暗殺」（『加波山事件関係資料集』）。

「東京に会し大運動則ち全国の同意者を募り政府を顛覆するの方」。（『加波山事件関係資料集』）

「われわれは天賦の自由権利を保護するがために、また人民が国家に対するの義務として勢い干戈を執って起つの止むを得ざるに至りました。しかしながら僅々少数の人をもって、政体を改革するということは最も至難のことである。それ故私どもは天下を動かすべき大運動をなすの機運を造り出すために、ここに一身を捨てて小運動を試むるに至ったのでございます」（『加波山事件』法廷陳述）。

この「小運動」のグループは、まさに加波山事件グループであり、「大運動」のグループには、富松・館野・小久保らの茨城自由党グループが当てはまる。後藤靖はこの二つの流れを峻別し、対立させて描き出した。しかし、この二つのグループの間での深い相互信頼関係による〝連帯〟こそが、当時の自由党内の急進派の真の関係だったのである。

もちろん、茨城グループが目指したのは「大運動」即ち「東京挙兵」である。しかしそれはあくまでも、「小運動」即ち「暗殺」あってこそのものだったのである。逆に、加波山事件グループの「小運動」即ち「暗殺」も、あくまでも、「大運動」即ち「東京挙兵」への〝機運〟を造り出すためのものだったのである。最後の「東京挙兵」の目標は、深く一致していたのである。このことが、強い〝連帯〟を生み出した。

富松正安が、加波山事件グループをかくまい、栃木県庁開庁式襲撃計画の準備をさせたのは、何の不思議もない。

保多駒吉についてもふれておきたい。館野芳之助は、富松正安との「盟約」が何時出来たのかと問われて、こう答える。

「自分へ富松より本件の密議ありたるは、本年旧盆前富松の使なりとて、安《(ママ)》田が参りたるなり。右安田は富松の股肱の者なることは知り居たる故、自分容易く信を置き盟約したるものなり」。(『加波山事件関係資料集』)

安田とは、もちろん保多駒吉である。「富松の股肱」として地域で絶大な信頼を勝ち得ていることが分かる。そして、この時点(「旧盆前」)では、保多を介しての富松と館野の

「盟約」は、加波山事件グループの東京での暗殺決行を想定したそれと連帯しての「東京挙兵」だった。もちろん、この時点では、栃木県庁開庁式襲撃計画自体が発動されていない。保多が、有一館に入館するのは、八月二四日。ちょうどこの時期に、富松は「腹心」の仙波兵庫を東京に下宿させている。すべては「東京」を指している。

ところが、九月一〇日に佐伯正門と会った時には、館野芳之助はもう栃木県庁開庁式襲撃計画を察知していた。先の供述書には、不思議な一節がある。初対面の佐伯の暗殺計画をなぜ察知したのかと問われ、館野はこう答える。

「栃木地方より東京有一館に参り居りたる書生は、皆新開式に先き立ちて帰村せり。畢竟、栃木県開庁式に臨まるる大臣方を暗殺する為なりと了《さと》りたる故なり」。

なぜ、館野は遠く離れた東京の「有一館」の動きを知っていたのか。この情報が誰によってもたらされたのか。もちろん保多駒吉である。有一館生保多が、なぜ中田の文武館にいたのか。野島の『加波山事件』は「たまたま帰郷の途次」と記すが、実は彼は、大急ぎで連絡に帰ってきていたのである。

中田の文武館で加波山事件グループ一行に会った保多は、計画を明かす事を勧める。自分の予想通りだった時の、無邪気な喜びようを『加波山事件』はよく伝える。

「保多氏手を拍ちて曰く、ああはたしてこれあるか。前日兄らの有一館にあるや、両々三々、断りもなく退出してそのゆくところを知らず、僕またこれを異とする。なんぞ知らん、兄ら栃木県に大事を企て、且つこの地に邂逅《かいこう》せんとは」、と。

保多駒吉は、「富松正安の股肱」。連絡係としてよく働いたのである。

さて、一行は開庁式襲撃の準備を進めたが、九月一五日の開庁式は二四日になり、さらに二七日に延期と伝えられた。何らかの危険が察知されていたとも思われる。

そうしている最中、二二日の夕、霜勝之助が、河野広体らの質屋強盗の探索が有為館に及ぶという情報を伝えてきた。質屋強盗のつけは本当に大きかった。

一行は、蜑引山《あまびきやま》での潜伏を目指して逃走するが、途中でより要害の地の加波山での潜伏に変更する。その途次、富松正安が「謀主」に推され、再三辞退したが、最後にはそれを引き受けた。富松は「東京挙兵」を夢見て、その発端となるべき栃木県庁開庁式襲撃計画に手を貸し、ついにはこの加波山決起の「謀主」となったのである。

そして、最後に一行は、なかば〝破れかぶれ〟の一戦として、加波山上に義旗を翻したのだった。ここからは、「狭義の加波山事件」の節にもどる。

加波山事件と「大運動」

前節で見たように、河野広体は、彼らの「暗殺」＝「小運動」が、「全国の同意者を募り政府を転覆する『東京挙兵』」＝「大運動」への〝機運〟を作り出すと確信していた。富松正安・館野芳之助らの茨城グループも、鯉沼・河野グループの「暗殺」が作り出す「国内の騒擾」が、彼らの『東京挙兵』の〝契機〟になると確信していた。そこに、深い〝連帯〟があったのである。

この節では、こうした「小運動」と「大運動」との強い〝連帯〟の事例の数々について、彼らの周辺に限ってのことではあるが、考察していきたい。

富松正安をはじめとする茨城自由党のグループは、本来この「大運動」のグループであった。茨城自由党については既に前節で紹介したので、ここでは茨城自由党を除く人々の考察である。

岩本新吉・佐藤折枝

　時間を少し戻そう。延遼館新華族祝賀宴会無期延期後、鯉沼と河野は、七月二〇日から八月二三日まで長い地方まわりの旅に出た。その重要な意味の一つが、爆裂弾の最終試験であった。それは、岩本新吉の指導の下に行われた。

　では、この岩本は、なぜ加波山事件グループに加わらなかったのか。鯉沼は供述で、岩本のかかわりを必死に隠すが、岩本自身はあっさりとかかわりを認めている。

「昨年十月頃日は失念、…鯉沼九八郎が自分へ向ひ申すには、明治二十三年になれば国会を開くと云ふことなれども、倒底今の政府では其事も覚束《おぼつか》なし。且自由本部の者等は坐り居りて名誉ばかり取りたがり居る故に共々謀るに足らず。依て我々は同志を募り大臣参議を暗殺し、政府を打ち毀はす故、君等は跡を引受け充分尽すべしと噺したり。依て自分は承諾したる旨答えたり」。（『加波山事件関係資料集』）

「昨年」、即ち明治一六年一〇月頃といえば、鯉沼が爆裂弾の研究にとりかかった時期である。その初発から、岩本は政府高官暗殺計画を打ち明けられていた。それは、爆裂弾製作への助力を依頼するためだけでなく、暗殺の「跡を引受ける」ことを期待してのことだった。明確な任務分担がされていたのである。「跡を引受ける」とはどういうことなのか、もう少し、この爆裂弾最終実験を追おう。

実験の夜、鯉沼・河野・岩本は、大橋源三郎も誘い、小学校教員佐藤折枝宅を訪れ酒宴を開いた。その席で佐藤は、「三百人の同意者あれば東京へ出大運動を為し得ると云ひ、又ダイナマイトの製造方を知れば小運動即ち暗殺位は容易なりと云ひたり」（河野供述）、「時期来りたる時は報知あれ、自分も出づ可し」と話した（大橋供述）という。何故、この佐藤を仲間に入れないのか、当然そういう疑問がわく部分である。

河野は、こう供述する。（『加波山事件関係資料集』）

「談話中も事を挙ぐる時は沙汰をして呉れ、必ず応ずる様と申したれども、素より報知を人に依頼する位の精神なれば、我々に助力する位の心得なるものと察したり。故に大運動の時は役するも知れざれども、我々の如き死を決して小運動を為すにはともに謀るに不足ものと存じたる故、盟約せざるものなり」。

ここに、加波山事件グループの精神構造が要約されている。この岩本も佐藤も、「小運動」には不合格なのである。小運動は少数の決死の士によって行われなければならない。しかし他方で、大運動から切り離されていたかといえば、決してそうではない。岩本には明言して、佐藤には暗黙のうちに、「跡を引受ける」大運動を託したのであった。こうした大運動を託せる人材が、彼らのまわりには、幾らでも転がっていたのである。ここに、彼らの小運動＝「暗殺」への確信のベースがあった。

大橋源三郎

さて、大橋源三郎である。資金援助をも含めて栃木自由党との関係を一切否定する鯉沼九八郎だが、「我が県下の人にして本件に与《あずか》りたるものは、自分及び大橋源三郎両人の外は一人も無之候」と、大橋だけは共犯者だと供述する。その大橋がいつの間にか、舞台から消えてしまったのである。

大橋の裏切りについては、杉浦吉副の供述にかいま見える。最年長者で、かつ栃木では〝面がわれていない〟杉浦は、下館有為館からたびたび栃木へ偵察に行く。そこで大橋宅へ寄った杉浦は、「面会したるが体能く申して避け居りたり」、「大橋源三郎は此事（栃木県庁開庁式襲撃）を談ぜしも承諾せざりし」（『加波山事件関係資料集』）。大橋は宇都宮襲撃自体に反対だったというのである。

問題は、九月一一日の大橋の宇都宮行きにある。大橋が中山丹次郎宅を訪れ、そこには田村順之助、岩崎万次郎も来ていたという。これは『加波山事件』『東陲民権史』ともに共通し、両書とも栃木県庁開庁式襲撃の準備のためと記す。

しかし、大橋源三郎の語る真相は以下であった。

「中山丹次郎方へ参り、右暗殺の件（開庁式襲撃）平尾より相談を受けたる義、逐一相語りたる処、夫れは大変なる事なり、平尾は一と先《まず》自分方へ返し呉れよとの依頼を受けたり。而して中山申すに此事は如何《いかが》思ふか、多分鯉沼が発起にて平尾らが勢援するものならんが、自分へ、鯉沼方へ行き唯今の処では取止む可き旨を説諭致し呉れとのこと自分も之れに同意し、…若し鯉沼自身が意を用ひざる時は、東京へ行き彼れが信用し居る人を撰み、説諭を頼む可し（と答えて）…鯉沼九八郎宅へ発足したり。（しかし鯉沼既に負傷）…其時自分は上京することも断念し、鯉沼が宅へも参らず帰宅せり。其後の事は一切存じ不申候」（『加波山事件関係資料集』一〇月九日調書）。

実にこの会は、開庁式襲撃の準備などではなく、反対にその中止を説得するための会談であったのである。

さて、大橋源二郎の別の一一月九日の調書は、延々二五〇〇字にわたる供述を伝える。その中で、大橋は、栃木県庁襲撃に反対したのは中山丹次郎に説得されたからではなく、それ以前からであること、さらに問わず語りのうちに何故反対したのかを語っている。

大橋は、「本年七月二十七日上京有一館に至りたり」と語り始める。東京を離れるのは、「八月十二日東京出発同十三日帰宅せり」。長い滞在である。大橋は、この有一館行きを「単なる見物」などと供述しているが、もちろん暗殺計画の打ち合わせである。しかし、日付に注意されたい。大橋在京中は、暗殺計画は東京での暗殺に決まっていたのである。内藤魯一が、小針気付三浦文次宛の手紙で、栃木県庁開庁式襲撃計画の発動を告げるのは、「八月一四日」投函。大橋がもう有一館を発った後である。

大橋は、自宅での平尾・五十川・天野・草野による爆裂弾製造用の鉛丸製造を認めた上で（これで有罪になるのだが）、その最中実に気を揉んでいたと供述する。

「同人等は有一館より一同来りたるものなれば、或いは東京の議が一変したる訳かと疑ひ、是非止めさせ度心得なれども、斯迄決心したるものなれば容易に彼れ等も止むるものに非ずと考ひ、…好き折もあらば停止せんと心配罷在候…」。

この「一変」してしまった「東京の議」が、東京での政府高官暗殺計画を指すのか、東京有一館での政府高官暗殺計画＝大橋のいた時点では東京での＝を指すのか、あるいは両方の意味を持たせているのか、ともかくそのどれかである。さすがに、まずいと思ったのか、供述を読み聞かされて、大橋は以下の自発的な「供述変更」を申し立てする。

「東京の議が一変云々とあるは、彼等は東京より来りたる書生なれば東京に於て事を談じ来りたるものと想像したりと申立てたるものにして、素より自由党本部や有一館の人抔の不関係ことゝは信じ居たり。然るに東京の議一変云々とあれば、余り意の広き様考候」と。まさに、やぶへびである。これでは、逆に「東京の議」が自由党本部や有一館と関係があることを自ら告白しているようなものだ。三浦文次も、館野芳之助も、この自発的な「供述変更」にやられた。しかし、どういう訳か、栃木軽罪裁判所は大橋のこれを見逃したのである。

要するに、大橋源三郎は、東京の有一館で自分も参加して決した「東京」での暗殺計画が、栃木県庁開庁式襲撃に「一変」した事に気をもみ、中山らと相談して中止説得の決心を固め、鯉沼負傷でその不可能を知るや、彼等を「裏切り」、関係を絶ったのである。

そして、当面確定出来るのは、大橋の他に、中山丹次郎、田村順之助、岩崎万次郎だけだが、資金提供した栃木自由党の面々の意向も「東京」での暗殺決行としてよいだろう。磯山清兵衛が栃木県庁開庁式襲撃に金の拠出を拒否した理由、「栃木自由党の意に反する」は、まさに正しかったのである。そしてこれまで見てきたように、磯山清兵衛・佐伯正門・大橋源三郎と栃木自由党の面々、すべてが「東京決行」にこだわったのである。

さて、それにしても暗殺決行が「東京」でなければならないとは、一体どういうことか。この節の最後でまとめたい。

山梨谷村の廣徳館

加波山蜂起に失敗した後、戦死した平尾を除く十五名は、一〇月二五日の東京飛鳥山での再会を約して解散し、ちりぢりに逃走した。

このばらばらの東京を目指しての逃避行の末、小林篤太郎、保多駒吉、横山信六、草野左久馬、五十川元吉の五名までが、九月二九日前後に、東京早稲田牛込の栗原足五郎下宿に逃げ込んだのである。草野、五十川は捕らえられたが、小林、保多、横山は、有一館を訪れ、内藤魯一に山梨行きの旅費の工面を依頼した。その最中に警官の臨検で三名は逃走。翌日、栗原の下宿に逃げもどった三人の目の前で、栗原は憲兵隊に連れ去られた。三人は「倉皇《そうこう》（あわてて）その居を出て、ただちに甲州に向って発した」。（『加波山事件』）

栗原足五郎は正道館生。福島事件でも高等法院に送られた。それが、ここで突然再登場するのである。なぜ加波山事件グループに加わらなかったのか。追って解明しよう。

次に、「山梨」とはどういう意味か。野島幾太郎は『加波山事件』に、小林篤太郎から寄稿された全文をそのまま転載する。山梨の意味を知る決定的な部分は以下である。

「(十月一日)吉沢駅を過ぎ、まさに猿橋に渡せんとするの途上、神山八弥氏の来たるに逢う。氏は曽て密かに予(小林)らと通じ、峡陽同志の経営に参し、這回《こんかい》予らの挙を聞き、入京して劃策するところあらんとするもの、窪田久米氏も、同様の意味にて在甲せり。いまはその不可なるを知り、予らを導きて、再びその寓谷村に帰る」。

神山八弥は、谷村の民権政社廣徳館講師。明治一八年には有一館の家主になり、財政難の有一館を「煙草の業」などで、最後まで支えた人物である。(『加波山事件関係資料集』)

窪田久米は、小林篤太郎と三河以来の盟友。寧静館乗っ取りでは、その「首魁」と記される。それが、いつのまにか加波山事件グループから消え、ここで再登場するのである。

さて、もう一度、小林篤太郎の「口述」を味わっていただきたい。

神山八弥・窪田久米は、「予らの挙を聞き」即ち小林篤太郎らの加波山の決起を聞いて、「入京して劃策する」ために、「峡陽同志の経営に参し」つまり山梨谷村に潜伏していたのである。これが組織された「大運動」つまり、「東京挙兵」の部隊であった。もちろん、山梨の廣徳館の館生たちも、この部隊で何らかの役割が期待されていたのだろう。そしてその役割は、「密かに予らと通じ」つまり小林篤太郎らも知っていたのである。

では、栗原足五郎の役割はどうか。小林篤太郎は、尋問で、栗原発「市原直次」宛の二通、栗原発「谷村在留有志」宛の一通の手紙を見せられた（『加波山事件関係資料集』）。市原直次は死刑になった保多駒吉の遺体を引き取った人物であり、甲斐善光寺には、市原家の墓所に市原家の墓と同じ大きさの立派な保多駒吉の墓石が建っている。谷村の三十余名の共同出資だという。さてもちろん、栗原足五郎は東京にあって、「連絡係」を務め、頻繁に手紙で谷村の市原直次らと連絡をとっていたのである。

この部隊の存在は、有一館にいた加波山事件グループ「全員」の知るところだった可能性が高い。有一館滞在者のうち戦死者と栃木での逮捕者以外は、琴田岩松を除いては、全員が栗原のところを目指したのである。残る琴田岩松は、岩本新吉のもとを目指したが、既に岩本は逮捕されており、そこから山越えで山梨の神山八弥を直接目指したのである。琴田が神山の所に着いたのは、一〇月二か三日、既に神山は逮捕されていた。以後、上京しようとして二子渡船場で逮捕されたのである。（『加波山事件』）

もちろん、有一館館長の内藤魯一が知らなかったはずはない。暗殺を地方で発動させた内藤だが、この程度は「東京挙兵」すなわち「大運動」への計画性、組織性、目的意識性は持ちあわせていたのである。

門奈茂次郎

　さて、九月一〇日の神田小川町の質屋強盗である。見張り役の小林篤太郎は嫌疑を免れたが、門奈茂次郎は捕らえられ、福島事件に際しての会津への特派遊説隊長、二次訴訟でも活躍という輝かしい経歴は地に落ちた。河野広体・横山信六は指名手配され、その追捕の手が下館有為館に及ぶという情報で一行は加波山に退去し、そこで「破れかぶれの一戦」の加波山決起に追い込まれたのである。実に、無残な事件だった。

　しかし、不思議な強盗事件である。河野らが奪った金は、五円八十銭でしかない。河野・横山が下館有為館の一行に合流するのは、ようやく九月二一日。それまでにつつがなく栃木県庁開庁式襲撃計画の準備が進んでいた。なぜ、質屋強盗をする必要があったのか。

河野は、門奈との関係を問われてこう答える。

「門奈は全く共犯者にあらざるなり。如何となれば、門奈と我々の論は合はざるなりものなり。前も申立たる通り、我々は五人なり十人なり同気相求めて、小運動則ち暗殺を実行すると云ふ説を非難し、門奈は全国の同志を東京に会し、大運動則ち全国の同志者を募り政府を顛覆する方増されりと云へり」。（『加波山事件関係資料集』）

　たしかに門奈は、東京挙兵主義である。事件から四十四年たった一九二八年、わざわざ

『東京挙兵之企図』と名づけた一文を、北海道夕張炭鉱の社宅から玉水嘉一の弟、玉水常治に寄せた。それによれば、真相は以下である。（石川猶興『風雪の譜』所収）

福島事件の二次訴訟で三島県令侮辱の罪にとわれ、逃亡中の門奈は各地を転々としていたが、九月初旬上京して偶然に横山信六と出会う。河野広体、小林篤太郎を交えて、話しあいとなった。暗殺と東京挙兵は確かに対立したが、会談の結果、「宇都宮開庁式に向ふ者の出発の手筈と時刻を定め、同時に大臣要撃後の任務につき門奈等の計画と連絡をとること」となった。その「大臣要撃後の」「門奈等の計画」のための資金だけは、一緒に作っておこう、それが質屋強盗となったというのである。要するに、「東京挙兵」具体的には「東京鎮台襲撃計画」のための軍資金集めの質屋強盗だったのである。

それにしても、確かに拙劣な児戯に等しい計画である。加波山事件グループへの打撃は計り知れなかった。しかし、以下も見ておく必要があろう。『東京挙兵之企図』は次のような冒頭で始まる。

「我国に於ける自由党員の行動が過激なりしか、藩閥政府の挙措が圧制に過ぎたるかは恰《あた》かも彼の旧露国に於ける虚無党対帝政露政府の関係の如く、其批判は、後世史家の審討に待つべきである」、と。

「東京」の意味

「東京」というキーワードには、以下の二重の意味がある。

第一に、加波山事件グループを含め、明治専制政府を倒すためには、最後には「大運動」即ち「東京挙兵」が必要だという考え方が広く存在していたことである。地方での挙兵が連動するだけでは、専制政府は倒せない。フランス革命でも、たとえ農民一揆がパリをとり囲んでブルボン王朝を身動き出来なくさせていたにせよ、最後にはパリの蜂起が止どめを刺したのである。この認識が、後藤靖による「革命的民主主義派」はもちろん、「テロリズム」も含め、広範に「共通」していたことは、高く評価したい。当時の自由民権運動家たちは、今日の一部の歴史学者よりも正確にことの本質をつかんでいた。

もちろん、その「東京挙兵」は、「東京における〝民衆暴動〟」のようなもので終わってしまったかもしれない。しかし仮にそうだとしても、近代都市民衆暴動の初めである日比谷焼打ち事件より二十一年も早く、しかも表面上の「対露講和反対」という「対外硬」のベールをまとうことのない、ストレートな民衆の変革のエネルギーの爆発として、日本近代史上大きな歴史的意義をもつことになったと考える。

そして、彼らには、そうした「東京挙兵」への志向が広く存在している事への確信もあった。しかし、それは組織されたものではない。肌で感じた漠然たる確信である。有一館と山梨谷村の神山八弥・窪田久米らとの、いくらかなりとも目的意識的なつながりは、むしろ例外であり、今後研究が進んでも、そんなに出てきはすまい。そういう目的意識性＝組織性をこの時代の運動に求めること自体が誤りであろう。

だから、「東京挙兵」への〝機運〟を作り出すためのショック療法としての「暗殺」が発想されたのである。まだまだ、レーニンのいう「（ロシアの）七〇年代」、ナロードニキが輝きを持っていた時代なのであった。

だから、会津支援の「民権壮士」の輝けるリーダーであった門奈茂次郎が「東京挙兵」の信念を持って現れると、期待した「大運動」の部隊が現れたと、狂喜してそれに飛びつき、質屋強盗による資金集めを手伝うのである。そういう弱さを当然ながら持っていた。あくまでも、彼らの「大運動」の部隊への確信は、組織されたものではなく、明治専制政府への「民衆の渦巻く怒り」を肌で感じての漠然とした抽象的な確信だったのである。

そこで第二に、暗殺は「東京」でなければと考える者が多かったのである。東京で暗殺が行われるのと、地方で暗殺が行われるのとでは、東京の民衆に与えられるショックは、誰が考えても格段に違う。東京での暗殺が作り出す東京の民衆の熱狂・騒擾状態、そこに

「東京挙兵」の条件を見出だそうとしたのである。組織性の弱さを補うショック療法は、「東京での暗殺決行」でしかない、そう考える者が実に大勢いたのである。

　磯山清兵衛しかり、佐伯正門しかり、大橋源三郎や栃木自由党の面々しかり。加波山事件グループ全体の当初の暗殺計画も、「東京での暗殺決行」であった。むしろ、主流派だったと言ってもよい。もちろん、内藤魯一などの「地方」での暗殺を考えた者たちも、最後は「東京挙兵」でしかないと考えていたのは、叙述してきたとおりであるわけだが。

　そうした日本の、一八八四（明治一七）年の現実のなかに、加波山事件は位置していた。そうした時代性を捨象して、「評価」するなど、「歴史学の敗北」でしかない。

「強盗犯」による裁判

　加波山事件の裁判には、被告らの再三の抗議にもかかわらず、国事犯ではなく、強盗犯が適用された。

　明治一七年九月の加波山事件から間もない、明治一七年一〇月四日付の山田顕義司法卿直々の水戸始審裁判所に宛てた「指示書」は以下である。（『加波山事件関係資料集』）
「茨城県下暴徒処分裁判管轄の件に係り、栃木始審裁判所其他へ別紙の通及内訓置候条其庁管内に於て処分す可し」。「別紙」には、「逮捕の地の裁判所に於て処分す可し」と明記される。すなわち国事犯であれば、高等法院に送られるが、逮捕の地の裁判所となれば、強盗犯になる。実に早い時期からこの方針が決まっていた。

さて、明治一八年からの裁判は、自由党あげて支援し、傍聴人もあふれるほどだった。
九月一〇日、磯山清兵衛から鯉沼九八郎の父兵弥宛の電文。午前九時四五分発、「大井、今日帰るはず、明日やる、ゆけずば代人やる。榊原より、公判、二、三日、日延べしろ」。十分後、九時五五分発、「大井、明日、行く」。翌一一日早朝の、午前六時五分発、「大井、帰らず。ホカサシアイ（意味不明）、渡辺、真実、差し換いよろし」。八時五〇分発、「渡辺小太郎、今日行く、安心せよ」（『加波山事件関係資料集』）

栃木自由党員の金を栃木県庁開庁式襲撃にあたっては拠出を拒否した磯山が、これだけ鯉沼の裁判の面倒を見ているのである。まさに〝連帯〟の精神の最たるものである。

九月一八日、開廷。「密偵報告メモ」。「うらもんに御注意あれよ。入門する事態はざるもの百余名。党員にて入る者二十八、九名なり」。（『加波山事件関係資料集』）

九月二一日、『新井省吾は先き頃より出京、本日彼の妻は傍聴に参りたり。此妻は婦人なれども自由主義熱心。事あるときは死を決して事を謀らんと常に同士《ママ》と語り居れり」。

開廷直後だけ挙げたが、妻をふくめ、まさに栃木自由党あげての支援体制である。

そして、国事犯問題。

九月二一日、密偵報告。民権派の拠点の旅館カネ半で、弁護人と支援者の間で弁護の方法を巡って激論。代言人渡辺小太郎が、集合裁判ならば国事犯でなくともよい、と発言したのは総スカンをくらう。曰く、「渡辺は浅学なり」。渡辺はその日のうちに「東京に於て一層勉学する積り」と、東京へ逃げ帰った。（『加波山事件関係資料集』）

三浦文次ら被告達は強盗犯の適用に激しく慟哭した。しかし、もともと「東京決行論」だった栃木の支援者たちは、もし国事犯が適用されれば、資金提供した自分たちも有罪になるかもしれないのである。それでも、国事犯を強硬に主張した。まさに、自分達のやったことが「正義」だという、堂々たる自負と自信と〝連帯〟の精神が、みなぎっている。

それに対し、権力の側はどうか。

一〇月一〇日、栃木滞在中の司法権大書記官発、水戸始審裁判所宛「指示書」。

「今般暴徒尋問上、彼が思想を述べ候ときは、…第一彼等之形蹟上に顕れたる暴行を取調べ、一も思想上には訊及せざる様、呉々も御注意有之度」。追伸「宇都宮に於ては全く強盗の見込にて取調居候」。（『加波山事件関係資料集』）

「呉々《くれぐれ》も」思想を語らせるな。この「怯《おび》え」。先の栃木自由党の支援者たちの発想とは、まさに対局に立つ。

一体、何に怯えているのか。加波山蜂起の十六名か、もちろん違う。では、傍聴支援の自由党員か、それも違う。その背後にある、広範な人民こそが怯えの原因である。国事犯にして、「思想」を語られたら、たちまち加波山グループは「人民のヒーロー」になり、ますます明治専制政府は孤立する。この怯えが強引に強盗犯を適用した理由である。

福島事件で、権力は苦い大失敗をした。強引なデッチあげで六名を国事犯にしたものの、六名は『天福六家撰《てんぷく》』となり、たちまち人民のヒーローになった。被告たちの錦絵、今でいえばスター並みのブロマイドが人気を博するとは、およそ信じがたい事態であった。

自由党も息をふき返した。明治一五年には「党費の困難」を記す自由党が、一六年には寄金が続々と寄せられて「自由党の飛躍」が語られる。ここに、福島事件の高等法院での裁判が位置していた。寄金の多い所は、関東決死派の拠点と一致する。（『自由党史』）

加波山事件に国事犯を適用して、「政府高官大挙暗殺計画」が広く明らかにされれば、明治専制政府はもたない。こう考えたのが、強引な強盗犯適用の最大の理由であろう。

今まで見てきたように、加波山事件には、「有一館」を媒介に、自由党本部が実に深くかかわっていた。国事犯を適用すれば、「有一館」や自由党本部も弾圧の対象に出来たのに、それが出来なかった。人民が怖かったからである。被告らには気の毒だが、強盗犯が適用されたことで自由党本部は救われたのである。結果的に言えば、まわりにまわって、人民のエネルギーが、自由党本部を救ったことになる。

これが、強盗犯適用の真相であった。このことは、自由党解党問題にも直結する。

第五章

明治の革命

明治一〇年代後半の意味

明治一〇年代後半、明治一四年の松方正義の大蔵卿就任、翌一五年からの日本銀行を創立しての兌換紙幣の発行による紙幣整理の強行は、強烈なデフレ政策となってあらわれ、農産物価格は暴落し、地租は実質的に何倍にもなって農民を苦しめた。農民は地租を払えずに公売処分で国家に、あるいは地租を払うための借金のカタに高利貸に、土地を奪われる者が続出した。まさに、本源的蓄積過程の後半部が始まったのである。

ここからは、平野義太郎が言うような「地主の反動化」が進み、「地主と小作の対立」が基本矛盾となって、秩父事件のような「自由党に裏切られた困民党の蜂起」が生まれるか、あるいは困窮した「地主」が運動から手を引く「離脱傾向」があらわれ、自由党は自発的に解党する。これが、従来の自由民権運動の終焉についての「通説」であった。

しかし、「松方デフレ」がただちに「地主と小作との対立」を加速させたのではない。地租の実質上の苛重化は、地主をも襲ったのである。まさに、「地主も小作も共に倒る〻

の弊《へい》」だったのである。

高島千代の「減租請願運動と自由党・激化事件」（『自由民権〈激化〉の時代』所収、二〇一四年）は、緻密な実証を通して、自由民権運動の激化期を通して、「減租運動」が自由党の運動の中核をなしていたことを立証した。

「もともと自由党の『広域蜂起』戦略と密接な関係をもっていたからこそ、地域の減租請願運動には激化事件と結びつくものがあらわれたのであり、激化事件もまた地域の減租要求と接点をもつことになったのである」、と。

「地主と小作の対立」ではなく、「国家と全農民の対立」が、相変わらずこの時期の基本的な対立関係であったのであり、自由党はその「全農民」の側に立っていたのである。

既に、服部之總は『近代日本のなりたち』（一九四八年）で以下を指摘していた。

「（明治一七年になって地租条例の第八章と第六章を同時に撤廃した）…これによって（地価を）五年目ごとに切替えるということがなくなり、翌一八年から米価が漸次あがるにつれて地租の比率は実質上減ってゆく。けれども、小作料は昔と同じでかわりはない。ここに全国の地主が反動化するための基礎が出来た」、と。

「地主の反動化」は、自由党の解党や激化事件の後の、明治一八年以降のことである。

「地主の離脱傾向」はどうか。再三にわたって指摘したように、確かに明治一五年には自由党は「党費の困難」にみまわれるが、明治一六年夏には「寄金」が続々と寄せられて、「自由党の飛躍」が語られる。ここに、明治一六年の福島事件の高等法院での裁判が位置していた。「寄金」の多い所は、いわゆる「関東決死派」の拠点と一致する。

そして、第四章で指摘したように、自由党の明治一六年の一一月臨時大会と一七年三月の大会は、「離脱派」ではなく、「急進派」が主導していたのである。この時期に自由党をリードしていたのは、むしろ「急進派」であり、〝経済主義者〟的な理解から導きだされる「地主の離脱傾向」は、決して自由党全体の主流ではなかったのである。

その「急進派」は、第三章で紹介したような福島事件の被告たちの錦絵『天福《てんぷく》六家撰』をベストセラーにするような、また第四章で紹介した栃木の運動会での「あっせいせいてんぷくせい」の「転覆踊り」を子供たちまでが踊りまくるような、「民衆の急進化」のエネルギーに支えられていた。

明治一七年の白由党の解党や、その後の激化事件を、「地主の反動化」や「地主の離脱傾向」から導き出そうとする従来の通説は、理論の上からも、史実の上からも、完全に破綻している。

自由党の解党

「自由党の解党」を、「地主の反動化」や「地主の離脱傾向」から説明するのが理論や史実にあわないとすれば、それはどう理解すべきなのか。その真実は、加波山事件の真相の解明によって、初めて可能となった。

明治一七年一〇月二九日、自由党は「自発的に」解党した。議決は「満場一致」だった。その直接の契機は、かねて言われてきたように、直前の九月の加波山事件であった。

これを従来の通説は、加波山事件の如き〝孤立分散〟したごく少数の若手党員たちの、〝跳ね上がり〟を押さえていくことが出来なくなったためだ、と説明してきた。

もちろん真相は全く逆である。加波山事件は、広範な「民衆の急進化」の支えのもと、自由党全体を「急進派」がリードする中で、初めて可能となった事件である。

そして決定的だったのは、加波山事件の「有一館」を媒介とする、自由党本部との極めて密接な関わりであった。新華族祝賀宴会襲撃計画では、直接に東京の「有一館」が準備の舞台となったのであり、栃木県庁開庁式襲撃計画では、実行部隊の「主力」は〝全員〟が「有一館」で寝泊まりし、そこから栃木へ出動していったのである。そして、有一館長の内藤魯一、幹事の磯山清兵衛が、加波山事件の陰の中心人物だった。有一館を媒介に、自由党本部が、実に実に深く、加波山事件にかかわっていた。

しかし、その結果として、仮に加波山事件に「国事犯」が適用されれば、自由党本部もとてもタダではすまなかった。自由党存続のままでは、いずれは自由党全体への一斉弾圧が危惧された。それを避けるための、いわば〝偽装解党〟が、自由党の「自発的な」解党の真相である。一方で、前章の「強盗犯による裁判」の節で述べたように明治専制政府の側も、福島事件への「国事犯」適用が民衆の憤激を呼び起こした大失敗にこりて、加波山事件には「国事犯」適用を避けようとしたため、この対応を可能としたのである。

それでは、「偽装解党」にせよ、ここで自由党は「闘わずして尻尾を巻いた」のか。

そうではない。思い起こされたい。明治一六年一一月臨時大会で、むしろ「急進派」の側から「解党論」が飛び出したことを。「一旦解党して一大運動をなし、以て勝を一挙に得べし」、という意見が多数を占めたことを。そういう発想が、この解党大会でも働いていた。それが「急進派」を含めた「満場一致」の解党決議となったのである。

『自由党史』は、「自由党の解党」について、以下のように語る。

「自由党が其党の形体を解き、…其旅進旅退に代ふるに自由の行動を以てし、以て政府をして狼狽困頓出づるに所なからしめんと図りたるもの、亦実に其正当防衛に出でたるなり」、と。

「自由党は今形式の組織を解くと雖も、精神の団結に至ては益々堅確となり。肝膽を以て相結び、意気を以て相許し、連絡の暗通すること猶ほ前時に倍せり」、と。

自由党解党後も、「旅進旅退」に代ふるに自由の行動を以てし、以て政府をして「狼狽困頓」させ、「精神の団結に至ては益々堅確となり…連絡の暗通すること猶ほ前時に倍せり」、と運動は以前にも増して続いていくのである。

表向きの〝偽装解党〟によって、明治専制政府の厳しい弾圧をかわしながら、水面下の非合法活動は「連絡の暗通」を「猶ほ前時に倍せり」と、よりいっそう活発化させながら、「急進派」の〝連帯〟のうちに、「実力」による明治専制政府転覆を目指したのである。

自由党の「自発的な」解党は、その与える印象とは全く逆に、厳しい弾圧を避けて運動を継続し、激化させるための「準備作業」であり、「闘争宣言」でさえもあったのである。

〝闘わずして尻尾を巻いた〟のでは、さらさらない。

激化事件

その前には群馬事件があり、自由党解党後も、秩父事件、飯田事件、名古屋事件、大阪事件、静岡事件と旧自由党員の激化事件が続いていく。このことが、自由党が〝闘わずして尻尾を巻いた〟のではないことを、直接的かつ端的に証明している。

先にもふれたように、高島千代の「減租請願運動と自由党・激化事件」(『自由民権〈激化〉の時代』所収)は、自由民権運動の激化期を通して、「減租運動」が自由党の運動の中核をなしていたことを立証し、「国家と全農民との対立」が、相変わらずこの時代の中心的な対立関係であり、自由党がその「全農民」の側に立っていたことを結論づけた。このことこそが、激化事件全体の基本的な背景をなしていたのである。

これら激化事件の関連については、高島千代「激化事件研究の現状と課題――全体像に向けて」(『自由民権〈激化〉の時代』所収)に簡明かつ的確にまとめられており、是非それを参照されたいが、秩父事件と大阪事件には、あえて〝蛇足〟をつけ加えたい。

秩父事件の研究史は象徴的である。かつては平野義太郎以来の「地主と小作の対立」を主要対立とみて、秩父事件を「地主の自由党に裏切られた小作人の困民党の蜂起だ」などと位置づけた時期もあった。

しかし一九六八年の井上幸治の名著『秩父事件』で、評価は大逆転する。農民たちは、「板垣公の世直し」、即ち自由党による体制変革を謳《うた》い、「革命本部」を置いて自分たちの行動を「現政府を転覆し直《ただち》に国会を開く革命の乱なり」と意識し、最後は「東京」へ進撃して、「板垣公と兵を合し」政府を転覆しようと蜂起したのである。かつての通説とは逆に、秩父事件も、あくまでも、自由党あってこその秩父事件であったのである。『自由民権〈激化〉の時代』所収の黒沢正則・篠田健一・鈴木義治らの秩父事件に関する優れた諸論文も、この井上幸治の視点を継承・発展させている。

次に、大阪事件は「国権論」によるものだったというのが通説で、それに反対するのではないが、一方で、朝鮮の清国からの独立を支援することが日本の変革にもつながるという確信が、この事件の参加者の「発想」だったことも、しっかりと確認しておきたい。

百年前の出来事で、もう大阪事件の時点では客観的には通用しないのだが、フランス人ラファイエットが、一七七六年のアメリカ独立革命を支援し、帰国して一七八九年のフランス革命でも活躍したのは、『世界史』では常識的史実であり、大阪事件でもそれがはっきり意識されていた。館野芳之助の公判陳述は、「仏のヘラットが米国の独立を助くるに、万里の波濤を越へ、力を致せしことの如き、歴史の上蔽《おほ》ふべからざる事実にして、載《の》せて檄文にもあり」（『東陲民権史』）と、極めて具体的に、そのことを示している。大阪事件の基本的性格も、他の激化事件全体と共通していたのである。

また、これまで注目されなかったが、加波山事件の場合と同様、大阪事件でも予定された渡韓する実行部隊の主力は「有一館生」で、その指揮は磯山清兵衛が執るはずだった。自由党本部の「壮士養成所」の「有一館」の性格を、これまた端的に物語っている。

さて、こうした一連の激化事件に、かつて〝一斉蜂起〟という問題設定がされたことがあるが、そういう目的意識性をこの段階に求めるのは、残念ながら無理があると考える。〝一斉蜂起〟という高度な組織性・計画性を、明治専制政府の厳しい弾圧と想像を絶する「密偵の暗躍」のなかで、この段階で「秘密裡に」組織することは、現実には不可能であったと考える。その〝一斉蜂起〟が不可能だったという意味では、この時点で、自由民権運動が明治専制政府を倒す可能性は極めて希薄だった、と言わざるをえない。

しかし、こうした一連の激化事件は、〝連帯蜂起〟のレベルには充分に到達していた。

〝連帯〟とは地域間の〝連帯〟だけではなく、路線間の〝連帯〟の意味でもある。

「地域間の連帯」では、群馬県文学賞を受賞した黒沢正則の『広域蜂起　秩父事件』（まつやま書房）に学ぶところが大きい。秩父の蜂起と呼応して、群馬の同志が群馬県の岩鼻の陸軍省火薬製造所を襲い、それで東京の軍隊・憲兵を引き出して、そのスキをついての東京挙兵を狙おうという、具体的な「東京挙兵計画」があったという。しかもそれには、最近世界遺産にも指定された群馬県の養蚕史跡「高山社」の社員も関わっていたという。

さらに、「異なる路線間の連帯」も充分に育っていた。加波山事件では、共通する最終目標の「東京挙兵」を目指して、「暗殺」の鯉沼・河野グループと、「挙兵」の富松・舘野グループの間で、「命がけの連帯」が貫かれた。東京での暗殺決行か、地方での暗殺決行か、確かに重要な違いだが「連帯」という点ではそれが十分に貫かれていた。「東京決行」にこだわった磯山清兵衛と栃木自由党の支援者が、鯉沼の裁判支援にも尽力したのである。

こうした〝連帯蜂起〟のレベルにまで達した激化事件にいたる自由民権運動の闘いを、服部之総にならい「明治の革命」と呼びたい。そして、この時点では明治専制政府を倒す可能性が極めて希薄だったにせよ、「明治の革命」の真の意義は、その後の「自由民権運動の継続と継承」のなかにこそあった。

自由民権運動の継続と継承

この節では、激化事件後の自由民権運動の継続と継承について、その素描を述べていきたい。但し、あくまでも自由民権運動に関連の深い事項だけを取り上げてのことであり、全体像は、遠山茂樹『日本近代史1』(岩波全書)に依拠してのことである。

また、この明治二〇年代からは、西暦を使って述べていきたい。

三大事件建白運動

激化事件の最後の静岡事件の翌年、一八八七(明治二〇)年には、旧自由党員を中心に、「地租の軽減・言論集会の自由・外交失策の挽回」の三つのスローガンを掲げた、「三大事件建白運動」が盛り上がる。

その直接の契機は、外務大臣井上馨の条約改正交渉案が外国人裁判官を任用するという危険性を持つことが、政府内から洩れたことである。お雇い外国人として来日したはずのフランス人法学者ボアソナードがその批判の先陣を切り、政府内からも谷干城農商務相らの強い反対意見が出た。井上馨が連日の舞踏会を催して外国人外交官の歓心を買おうとした「鹿鳴館外交」に象徴される「欧化主義」への世論の強い反発もあり、反対運動が盛り上がったのである。全国の旧自由党員を中心とする民権家たちは、続々と東京に集結し、井上馨の条約改正案反対の「建白書提出」の大運動を展開した。

この運動は、国民の国家主義的意識に訴えるという側面も持ったが、「外交失策の挽回」の前に、「地租の軽減・言論集会の自由」を掲げた、まさしく自由民権派の運動だった。藩閥政府にとって特に打撃だったのは、自由民権派がグナイスト講義筆記やロエスレル憲法草案をおさめた『西哲夢物語』を秘密出版し、政府が準備している憲法案がプロシャ風の専制的な内容を持つことを暴露したことだった。自由民権派は激昂し、この建白運動は、「欽定憲法」というあり方そのものへの批判の域にまで達しようとしていた。

それに対しては、あの三島通庸を警視総監に据えた明治専制政府も、「保安条例」という非常手段で対処せざるをえなかった。八七年一二月、東京全市に警察官・軍隊を配置したうえで、五七〇名の民権家に、皇居外三里の地に退去することを命じたのである。

それ自体は民権派に大打撃だったが、こうした非常手段での弾圧に乗り出さざるをえなかったこの運動の昂揚は、次の「帝国議会」での「民党」の大健闘につながっていった。

「民党」と建艦詔勅

一八八九（明治二二）年二月一一日、「紀元節」の日を期して、「大日本帝国憲法」は、明治天皇から内閣総理大臣に授けるという「欽定憲法」として発布された。

「紀元節にその日を定めたのは、神武天皇の即位をもって国家の起源とする天皇制国家の『国体』が、憲法の採用によって、いささかも変わるものではないことを、国民に印象づけるためであった」（『日本近代史Ⅰ』）。その憲法の実態は、推して知るべしである。

しかしここではむしろ、翌一八九〇（明治二三）年に始まる「帝国議会」での、自由民権派の流れをくむ「民党」の大健闘を強調したい。

帝国議会は、衆議院と貴族院から構成され、国民が選挙出来るのは衆議院の代議士だけだった。その選挙権は二五歳以上の男子で、直接国税一五円以上を納める者に限られた。第一回総選挙での有権者数は四五万人で、人口総数の約一・二四％にしか過ぎなかった。貴族院は皇族・華族・勅撰議員・多額納税議員からなり、衆議院を牽制する強い力を持っていた。しかし、にもかかわらず、衆議院の貴族院に対して持つ「予算先議権」は重大な意味を持ったのである。

政府は、帝国議会が政府の提出した予算案を可決しない場合には、前年度予算をそのまま執行できる権限を持っていたが、「戦争」のため前年比大幅増の予算案を可決するには、帝国議会の衆議院の賛成を得ることが、事実上不可欠の条件となったのである。

しかしそれは、藩閥官僚政府と自由民権運動の流れをくむ「民党」との「新しい矛盾」を引き起こした。それは「政党のスローガンとする、また最大の旗印とせざるをえなかった『民力休養』に代表される国民の租税軽減要求の切実さと、…民力をはるかにこえた過大な軍備拡張の強行との衝突がもたらした矛盾の増幅であった」(『日本近代史Ⅰ』)。

一八九〇年七月第一回総選挙が行われ、衆議院議員総数三〇〇名のうち、立憲自由党系一三〇名、立憲改進党系四〇名と、自由民権派の流れをくむ「民党」が過半数を占めた。極端な制限撰挙のなかでのことである。これこそが「新しい矛盾」の反映であり、また激化事件にいたる自由民権運動の高揚と直前の三大事件建白運動の直接の成果であった。

九〇年一一月に招集された第一議会では、中江兆民が「無血虫の陳列場」と罵倒して議員を辞職したような「民党」の一部の切り崩しもあって、予算案は辛うじて成立したが、翌九一年一一月からの第二議会では、「民党」は歳出総額の一割の七九四万円を削減した。

そのなかには日清戦争に不可欠な軍艦建造費・製鋼所建設費も含まれていた。松方正義内閣の妥協工作は失敗し、松方内閣は一二月に衆議院解散を断行せざるをえなかった。

翌九二年二月の第二回総選挙で松方内閣は、府県知事・地方官吏・警察・暴力団を使って、全国で二五人もの死者が出たような凄まじい暴力による大選挙干渉を「民党」に加えたが、総選挙の結果は、政府の予測に反して、自由党・立憲改進党は準民党の独立倶楽部を加えて一六三名の過半数を占めた。品川弥二郎内相は選挙干渉の責任を取って辞職させられた。五月の第三議会では、選挙干渉の政府の責任を問う「選挙干渉に関する建議案」が可決され、松方内閣は議会停会で対抗したが、七月ついに総辞職に追い込まれた。

九二年七月、そうした「官民対決」のなかで、伊藤博文の元勲総出の「元勲内閣」が発足する。伊藤は藩閥勢力の危機を、「明治政府末路の一戦」と深刻に認識していた。

一一月招集の第四議会に、伊藤内閣は軍艦建造費を中核とする予算案を提出したが、翌九三年一月一二日、衆議院はそれを否決したのである。そしてこの裁決の結果を拒否する政府を糾弾し、一月二三日に「民党」は内閣弾劾上奏案を上程した。伊藤内閣は「衆議院には一人の身方も無之、所作も手足も出不申」(『日本近代史I』)との窮境に立って、十五日間の議会停会を命じたが、二月七日に「民党」は停会あけの衆議院で内閣弾劾上奏案を可決したのである。「民党」は、よくここまで藩閥政府を追い詰めたのだった。

　こうした状況の中で、その直後の二月一〇日に「建艦詔勅」が下されたのであった。この日が選ばれたのは、翌日の「紀元節」が強く意識されてのことだった。翌二月一一日の「紀元節」の朝の新聞各紙は、もちろん一斉に一面でこの詔勅を報じた。たとえば『東京朝日新聞』は「詔勅」の「全文」を特大活字で組んで掲載した。

　この「詔勅」の冒頭は、「古者《いにしえ》皇祖國ヲ肇《はじ》ムルノ初ニ當リ六合《くにのうち》ヲ兼テ八紘《あめのした》ヲ掩《おほ》フノ詔アリ」と「神武天皇橿原《かしはら》即位の詔」で始まる。「紀元節」の朝にこそである。後年の昭和の「太平洋戦争」のスローガンの「八紘一宇《はっこういちう》」の原型が、既にここで使われたのである。

「國家軍防ノ事ニ至テハ苟《いやしく》モ一日ヲ緩クスルトキハ、或ハ百年ノ悔ヲ遺《のこ》サム。朕茲《ちんここ》ニ内廷ノ費ヲ省キ六年ノ間毎歳三十万圓ヲ下付シ、又文武ノ官僚ニ命シ…同年月間其ノ俸給十分一ヲ納レ、以テ製艦費ノ補足ニ充テシム」。まさしく、「建艦詔勅」であった。

　このシチュエーションの中で、「閣臣ト議會」の「和協ノ道」を説くこの「詔勅」に、「民党」が逆らえなかったのは必然だった。まさに、〝天皇制の巨大な壁〟であった。

「建艦詔勅」に屈した「民党」は、衆議院で予算案を審議し直して、二月二六日に途方もない巨額の軍艦建造費を成立させた。海軍は、清国海軍のドイツ製の北洋艦隊に対し、桁違いに強力なイギリス製の最新鋭艦隊を瞬く間に買いそろえて、翌九四年の日清戦争の準備が整った。

この項は一八八九年二月一一日の「紀元節」の大日本帝国憲法発布に始まり、一八九三年二月一〇日の「紀元節」前日の「建艦詔勅」に終わる。

日清戦争

日清戦争は、アジアにおける世界帝国主義の対立のなかで引き起こされた。

一八九一年のロシアのシベリア鉄道の着工は、ロシアの南下政策とそれへのイギリスの対抗を緊迫させていた。山県有朋はそれを背景に、「我邦の敵手たるべきものは、支那にあらず、朝鮮にあらずして、即ち英仏露の諸国なり」と国民を煽った。

それに対して、一八九三年の「建艦詔勅」に屈した「民党」の側でも、『民力休養』のスローガンをかなぐり捨て、政府批判は、もっぱら政府の〝弱腰〟を非難し、日清戦争の即時開戦を主張する「強硬外交論」に求められた。こうした国内世論からも藩閥政府は「故もなきに戦争を起す」(『日本近代史Ⅰ』)必要に迫られていた。

一八九四年の五月、そうしたなかで、朝鮮で甲午《こうご》農民戦争(東学党の乱)が勃発した。

「倭夷を逐滅す」との反日反侵略と、「権貴を滅ぼせ」との反封建の要求を掲げた、民間宗教「東学」が団結を固めた大農民反乱だった。朝鮮の閔《びん》氏政権は、その鎮圧のため清国軍の援兵を要請した。藩閥政府は日清戦争開戦の口実を作る絶好の機会と見て、天津条約を楯に日本も朝鮮に出兵した。日清両軍は朝鮮で対峙し、一触即発の状況となった。

ところが、東学軍は弊政改革の実行を条件に閔氏政権と和議を成立させて撤退し、清国軍も牙山を動かなかった。日清戦争開戦の口実が、失われようとしたのである。

七月一六日、そうしたなかで、イギリスが突如として条約改正に応じてきたのである。アジア情勢の緊迫に、ついにイギリスが日本を後援する方向で動いたのである。イギリスとの間で結ばれた「日英通商航海条約」は、領事裁判権を撤廃する画期的なものだった。この条約改正は、日本の対朝鮮政策が、イギリスの支持を得られるとの見通しを藩閥政府に与えた。藩閥政府は即座に、〝何の口実もなしに〟日清戦争に突入した。

七月二三日、日本は王宮から閔氏政権を追放、二五日に海軍は豊島沖で清国艦隊を攻撃、二九日に陸軍は成歓で清国軍を破った。その上で八月一日、清国に宣戦を布告した。

九月一七日、清国海軍のドイツ製の北洋艦隊に対し桁違いに強力な日本海軍のイギリス製の最新鋭艦隊は、黄海海戦で北洋艦隊を壊滅させ、会津三方道路を使うことなく、下関からの最短ルートで朝鮮に陸軍を派遣する手筈を調えた。清国海軍は十発撃つのに三百七秒かかったのに対し、日本海軍の最新式速射砲はわずかに四七秒だった。海軍が圧勝なら陸軍の圧勝は約束されていた。日本陸軍は何と言っても明治維新の内乱を経て近代化された陸軍である。数だけは三倍でも、封建制下の清国陸軍は敵ではなかったのである。

翌九五年四月、日清講和条約（下関条約）が結ばれた。内容は、①清国は朝鮮の「独立」を認める。②清国は遼東半島・台湾・膨湖列島を日本に割譲する。③清国は賠償金二億両《テール》（邦貨約三億円）を日本に支払う、などであった。

これに対し、ロシアを中心とする「三国干渉」がただちに引き起こされた。ロシアは、フランス、ドイツを誘って、遼東半島の清国への返還を、日本に圧力をかけたのである。表向きの理由は、日本の遼東半島領有で清国の首府が脅かされ、朝鮮の独立も有名無実になるからというものだったが、ロシアの南下政策にとって、遼東半島の旅順・大連は悲願の「不凍港」として欠かせないものだったからである。日本は頼みのイギリスが動かぬので、この干渉を受け入れ、三千万両の賠償金追加を条件に、清国に遼東半島を返還した。ロシアは予期したとおり、この干渉の代償に、清国から旅順・大連の租借権を得た。

このように、日清戦争はそれ自体は帝国主義戦争と呼べないが、その始まりから終わりまで、アジアでの帝国主義国の対立の中で引き起こされた戦争だったのである。

そして日清戦争の圧勝と直後の「三国干渉」は、その後の自由民権派による政府批判を実に難しくさせた。政府批判は、ますます政府の〝弱腰〟を非難し、ロシアとの即時開戦を主張する「対外硬」の一色となった。〝自由民権運動の挫折〟だった。

日本帝国主義

日清戦争の勝利は、日本帝国主義の成立を加速させた。

まず、日本が獲得した最初の植民地の台湾である。日本は台湾住民の根強い抵抗を抑えるため、当初は軍政を敷き、日本軍に殺された現地住民の「叛徒」は一万一九五〇人に達した。一八九六年に台湾総督府が設置され、軍政は廃されたが、総督は武官でその実態は苛酷な軍事的支配だった。しかし、表面上は内地法律延長主義を標榜して、日本の言語・宗教・慣習を押しつける「同化政策」をとった。これを「慈恵的」と意識するところに、その思い上がりと恐ろしさがあった。これは後年の朝鮮支配の原型にもなった。

そして、日清戦争と「三国干渉」の翌一八九六年、藩閥政府は戦争中だった前年の二倍の一億九千万円という巨額の軍事予算を立てた。ロシアを仮想敵国とする次のより大きな戦争への準備だった。戦争の勝利は、「平和」ではなく、ただちに「次の戦争」への出発点となったのである。日清戦争で得た巨額の賠償金は、九七年の金本位制の基金となり、この新たな軍拡政策の準備金ともされたが、それだけでは到底足らず、登録税・営業税の新設、酒造税の増徴、煙草・塩の専売の実施などに、その財源を求めざるを得なかった。

増税を実現させるためには、政党との提携は不可避であった。特に政党の反対が根強い「地租増徴」は、藩閥政府の長年の悲願であり、次のより大きな戦争のためには不可欠の条件だった。こうした中で、藩閥政府の「超然主義」は修正を迫られた。

こうした状況が、一八九八年の大隈重信を首相兼外相、板垣退助を内相とする「隈板《わいはん》内閣」出現の背景であった。九八年六月、自由党と立憲改進党系の進歩党が合同して憲政党を結成し、衆議院で絶対多数を占める大政党が出現した。これを受けて、伊藤博文は、憲政党の大隈・板垣に組閣させるよう奏請した。藩閥勢力の側では、「政党みずからの手で、不可避である地租増徴を実現させることをねらい、もしそれができねば政党内閣の無能を天下に知らしめれば良いという賭博的もくろみをもっていた」（『日本近代史Ｉ』）。

しかし、尾崎行雄文相の「共和制演説」への攻撃を契機に、わずか四カ月で憲政党は憲政党（自由党系）と憲政本党（進歩党系）とに分裂し、隈板内閣は内部崩壊した。

後継首相には、陸軍閥の山県有朋が就任した。山県は巨額の資金で星亨の率いる憲政党を買収し、一八九八年一一月、ついに地租の「地価の百分の二・五」を「百分の三・三」にする「地租増徴案」を衆議院で可決させたのである。それは、醜悪な買収政治の結果ではあったが、一方で政党の増租反対の声も必ずしも強くはなかった。戦後の米価の騰貴からもっとも多く利益を得ていたのは、政党の背後にある地主たちであったからである。

「地主の性格とその国家権力内の位置の変化、それを反映しての政党の変質を決定づける出来事であった」（『日本近代史Ｉ』）。帝国主義段階への〝地主と政党の変質〟であった。

国際情勢にも大きな転機が訪れた。北清事変がそれである。

一九〇〇年五月、清国で義和団の乱が勃発した。欧米列強の利権獲得の横暴が清国民衆の怒りをまねき、義和拳《ぎわけん》という呪術を信奉する民衆が、「扶清滅洋」をスローガンに列強の鉄道・洋商・租界・公使館を攻撃した。清国政府は列強の侵略によって危うくされている自己の支配を維持するため、義和団を公認して、列国に宣戦を布告した。

民衆の大反乱である義和団との戦いには、大量かつ強力な陸軍の派遣が不可欠だった。それは日本軍以外に求めることはできなかった。山県内閣と軍部は、列強の救援申し出を見越し、それに応じることで「将来東洋の覇権を掌握すべき端緒」とすることを謀った。

そして七月、イギリスからの再三にわたる出兵要請を待ち受けて、合計二万二千人を出兵させて義和団の乱を鎮圧した（北清事変）。それは列強の八か国連合軍の三分の二までもを占めるものだった。まさに日本軍は、「極東の憲兵」たる役割を果たしたのである。

その「活躍」の結果、翌年の北清事変の講和会議で、初めて日本は列強側の一員として、列強とテーブルの同じ側に座ったのである。『日本近代史Ｉ』は註で、レーニンの次の言葉を紹介する。

「日本とロシアとでは、軍事力の、あるいは広大な領土の、または他民族、中国その他を略奪する特殊の便宜の独占が、現代の最新の金融資本の独占を、一部はおぎない、一部は代位している」（「帝国主義と社会主義の分裂」）。

まさに、〝日本帝国主義の成立〟を、象徴する事件であった。

立憲政友会と「自由党を祭る文」

一九〇〇年、山県有朋軍閥内閣のもと、国内政治でも帝国主義の成立を象徴する事件が相次いだ。それは、自由民権運動を担った層の反動化を象徴する事件の数々でもあった。

三月七日、治安警察法が公布された。これは集会及び結社法にかわって制定されたものだが、政党はすでに言論・集会・結社の自由にも関心をよせなかった。第一四議会では、治安警察法は、討論を省略して異議なしの声で可決された。この法律の第一七条では、労働者や小作人の団結や争議を禁止しており、労働運動・小作争議の台頭を予測しての抜け目のない取り締まり措置であった（『日本近代史Ｉ』）。日本に於ては、社会主義運動の本格的な誕生の前に、先にその弾圧法規が整備されたのである。

五月一九日、陸海軍省官制を改正し、軍部大臣を現役の大将・中将に限定した。いわゆる「軍部大臣現役武官制」が確立されたのである。これは従来の慣行を明文化したものではあるが、これによって、将来の政党内閣の場合でも、軍部大臣の独立は保証されることが明確になった。

そして、九月一五日、何と、あの仇敵伊藤博文を総裁に立憲政友会が結成され、旧自由党員の多くがそれに呑み込まれたのである。まさに、〝自由民権運動の終焉〟であった。

立憲政友会は衆議院の過半数を制する大政党となった。そして一〇月に成立した第四次伊藤博文内閣は、外相・陸海相をのぞき、全て立憲政友会の党員で占められた。伊藤博文は立憲政友会を、これまでの政党の体質と異なる、官僚・華族・地主・実業家の有力者を網羅した国家的政党たらしめんとし、かつ閣僚任免の天皇の大権を強調して、天皇大権下の政党・政党内閣という位置規定を明確化したのである。立憲政友会の成立は、帝国主義段階に対応する国家権力・国内体制の確立の画期となった（『日本近代史Ⅰ』）。

中江兆民の弟子の幸徳秋水は、兆民の指示を受けて、万感の思いを込め『万朝報《よろずちょうほう》』に「自由党を祭る文」を寄せた。

「歳は庚子に在り八月某夜、金風淅瀝《せきれき》として露白く天高きの時、一星忽焉《こつえん》として堕《お》ちて声あり、嗚呼《ああ》自由党死す矣《かな》、而して其光栄ある歴史は全く抹殺されぬ。…幾多志士仁人の五臓を絞れる熱涙と鮮血は、実に汝自由党の糧食なりき、殿堂なりき、歴史なりき。…彼等の熱涙鮮血が他日其仇敵たる専制主義者の唯一の装飾に供せられんとは、嗚呼《ああ》彼熱涙鮮血や丹沈碧化《たんちんへきか》（悲噴のあまりに流す丹涙と碧血に化し）今安《いず》くに在る哉」、と。

社会民主党と田中正造

しかし、幸徳秋水たちは、ただ「嗚呼《ああ》自由党死す矣」と嘆いていたのではない。

翌一九〇一年五月二〇日、幸徳秋水たちは日本で最初の社会主義政党である社会民主党を結成する。その「社会民主党宣言」は、以下のように始まる。

我党は茲《ここ》に多数人民の休戚《きゅうせき》（喜びと悲しみ）を負ふて生まれたり。…貧富の懸隔を打破して全世界に平和主義の勝利を得せしめんことを欲するなり。…

1　人種の差別政治の異同に拘《かか》はらず、人類は皆同胞たりとの主義を拡張すること。

2　万国の平和を来す為には先づ軍備を全廃すること。

3　階級制度を全廃すること。

4　生産機関として必要なる土地及資本を悉《ことごと》く公有とすること。

5　鉄道・船舶・運河・橋梁《きょうりょう》の如き交通機関は悉くこれを公有とすること。

6　財富の分配を公平にすること。

7　人民をして平等に政権を得せしむること。

8　人民をして平等に教育を受けしむる為に、国家は全く教育の費用を負担すべきこと。

「貧富の懸隔《けんかく》を打破」「全世界に平和主義」「人類は皆同胞」「軍備を全廃」「階級制度を全廃」、初期社会主義の理想像が実に明瞭である。「帝国主義」と根底的に対決するスローガンであった。

社会民主党は、前年に出されていた治安警察法によって「即日解散」の憂目にあうが、ともあれ社会主義運動の種は蒔かれたのだった。

そして、元立憲改進党員の田中正造が議員を辞職し、足尾銅山鉱毒事件を、明治天皇の馬車に直訴したのも、この年一九〇一年の暮れの一二月一〇日のことであった。

陛下ノ赤子ヲシテ日月ノ恩ニ光被《こうひ》セシムル（君徳がゆきわたる）ノ途《みち》他ナシ
渡良瀬河ノ水源ヲ清ムル其《その》一ナリ　河身ヲ修築シテ其天然ノ旧ニ復スル其二ナリ　激《げき》甚《じん》ノ毒土ヲ除去スル其三ナリ　沿岸無量ノ天産ヲ復活スル其四ナリ　多数町村ノ頽廃セルモノヲ恢復《かいふく》スル其五ナリ　加毒ノ鉱業ヲ止メ毒水毒屑《どくせつ》ノ流出ヲ根絶スル其六ナリ
如此ニシテ数十万生霊ノ死命ヲ救ヒ　居住相続ノ基ヲ回復シ　其人口ノ減耗ヲ防遏《ぼうあつ》シ　且《か》ツ我日本帝国憲法及ヒ法律ヲ正当ニ実行シテ各其権利ヲ保持セシメ　更ニ将来国家ノ基礎タル無量《むりょう》ノ勢力及ヒ富財ノ損失ヲ断絶スルヲ得ヘケンナリ

ここに抜粋を引用したこの「直訴状」は、田中正造の依頼を受けて、幸徳秋水が徹夜でその「下書き」を書上げ、田中がそのごく一部を修正して、直訴に及んだものである。

自由民権運動は、こうした闘いにもつながっていく萌芽をも、その運動の中に育てていったのだった。自由民権運動がなければ、幸徳秋水も田中正造もなかったのである。

明治の革命

自由民権運動は、自由党の解党で終わったのではない。「明治の革命」の真の意義は、その後の自由民権運動の展開の中にこそあった。

それは激化事件が続いていったというような、狭い意味だけの問題ではない。その後の三大事件建白運動、帝国議会での「民党」の大健闘、それらをも展望してのことである。「建艦詔勅」や、日清戦争の圧勝と「三国干渉」をへて、日本帝国主義の成立の下で、旧自由党員の多くが立憲政友会に呑み込まれれば、今度はその自由民権運動の一翼から、幸徳秋水らの社会民主党の結成にいたる社会主義運動や、田中正造の足尾銅山鉱毒事件への闘いが生まれていった。そうした壮大な民衆運動の展開のなかに、その決定的に重要な〝原点〟として、自由民権運動は位置していた。

自由民権運動は、〝闘わずして尻尾を巻いた〟のではさらさらなく、〝闘って敗れた〟のでもなく、〝闘ってかつ次の闘いに受け継がれた〟のである。

かねて言われてきたように、自由党が〝闘わずして尻尾を巻いた〟のであれば、その後の民衆運動の展開は、全く違ったものになっただろう。闘いは、「一から出直し」である。幸徳秋水や田中正造の出現は、はるかに遅れたことであろう。

かつての研究の〝主流〟は、むしろこの「一から出直し」を言いたいがための「研究」であったかに見える。某前衛党の存在意義とその正統性を強調しようとするあまり、某前衛党の出現までの自由民権運動をはじめ過去の運動を矮小化し、某前衛党の出現に全ての「先進性」を流し込む。そういうことを自己目的化する「研究」であったかに見える。

私には、そこに過去の民衆運動のとらえ方についての、そしてまた同時代の民衆運動のとらえ方についての、本質的な欠陥が存在していたように思えてならない。

本書第四章の「栃木自由党」の節でもふれたように、自由運動会は「義民」への「奉納運動会」として行われ、開会式で義民を顕彰し、自由民権運動も義民に続くと宣言した。運動会だけではない。自由民権運動は、それこそ夢中になって、百姓一揆の掘り起こしと「義民」の顕彰活動を行った。『何々義民伝』の類いの出版は数知れず、芝居・芸能・祭りなどでも、百姓一揆と「義民」の顕彰活動が盛大に行われた。

こうした前の時代の民衆運動のとらえ方は、日本の自由民権運動だけではない。本書第四章の「三島通庸暗殺計画」の節でもふれたように、レーニンは一八七〇年代のロシアのナロードニキを、「七〇年代の革命家の輝かしい巨星の群のようなロシア社会民主主義派の先駆者たち」と絶賛している。ロシアの画家レーピンは、処刑されようとするナロードニキの青年が司祭の前で懺悔《ざんげ》を拒む場面を描いた「懺悔の拒否」など、ナロードニキを称えた感動的名画の数々を残している。中国でも、中国共産党の建てた北京の革命博物館の第一室は、洪秀全《こうしゅうぜん》の胸像を正面にすえた「太平天国室」であった。

　こうした前の時代の民衆運動への姿勢は、ただ前時代の民衆運動のパッションへの驚愕ばかりでなく、それへの畏敬や憧憬、そしてひいては、そのパッションを自分たちも受け継ごうとの強い決意があったに違いない。こうした姿勢こそが、過去の民衆運動に対して、次の時代の民衆運動を担おうとする者の世界共通の態度だったのではないだろうか。私の『新・明治の革命』執筆の衝動も、このパッションを受け継ごうという点にあった。

　それでは、日本の社会主義者たちは、自由民権運動の掘り起こしと顕彰をどう行ったのか。結論を先にすれば、自由民権派が百姓一揆を顕彰したのに比べて、実に冷淡だった。

　ただし、注意されたいのは、初期の社会主義者たちは、自由民権運動を高く評価していたことである。幸徳秋水の「自由党を祭る文」は、是非「全文」を読んでいただきたい。かつての自由党が、いかに果敢に明治専制政府と闘ったのかが、しつこいくらいに強調されている。自由民権運動を高く評価することが、大前提だった。だからこそ、立憲政友会の成立を『(自由党の)光栄ある歴史は全く抹殺されぬ』と、深く嘆いたのである。

　しかし、こうしたとらえ方は、旧講座派においては、著しく後退する。誤解を恐れず、乱暴に言わせていただければ、私は以下のように理解している。

野呂栄太郎・服部之總・羽仁五郎は、自由民権運動を高く評価した。そもそも「明治の革命」という言葉自体が、服部之總が言い出した言葉である。しかし、山田盛太郎・平野義太郎にいたっては、「日本型固定論」の視座から自由民権運動の限界ばかりを強調するようになり、それが旧講座派の主流となった。そこには、過去の民衆運動のパッションを引き継ごうという姿勢はおろか、それへの畏敬や憧憬の念もない。そうした視座は、過去の自由民権運動への否定的評価ばかりか、同時代の民主主義運動への否定的評価にもつながり、社会主義運動と民主主義運動の〝運帯〟を阻む大きな要因の一つともなって、ついには「反ファシズム人民戦線」の形成を阻害する結果ともなった、と。

しかし、こうした視座は、一九八〇年代の『自由民権百年』の運動などで克服されつつあり、「野党共闘と市民の〝連帯〟」が叫ばれる今こそ、野呂や服部や羽仁に立ち帰って、山田・平野理論を「止揚」する、ジンテーゼの確立が急務とされる時期である、と。私もこの『新・明治の革命』でその驥尾に付したいと思う。

過去の民衆運動が、歴史的な限界をもつのは、当然のことである。しかし、その過去の民衆運動の限界を認識しつつも、むしろその積極面を評価して、その「未完」の運動の継承者として自己を位置づける。そこにはじめて、現代の運動主体としての自己の存在意義とその正統性が明らかになる。そして、そうした現代の運動主体の形成につながっていく〝原点〟こそが、自由民権運動であった。そのように、私は考える。

こうした自由民権運動の把握の仕方が、あえてレーニンを持ち出すまでもなく、日本においても、本来のマルクス主義史学のとらえ方だったのではないだろうか。

最後に、野呂栄太郎の『日本資本主義発達史』（岩波文庫）から引用をしたい。本来の、日本のマルクス主義史学とは、こういうものだったに違いないと、私は思う。

「勿論、我が国に於けるプロレタリアは、ブルジョアジーと共同して封建的残存勢力に政治的闘争をなした経験を持っていなかった。だが彼等は、却《かえ》って昨日まで農民として資本主義的収奪を受けた時、農民として地主や不平士族と結んで、絶対的専制政府に対して挑戦した経験を有していたのである」、と。

こうして自由民権運動は、その後の民衆運動に継承されてこそ、その意義があったのである。そして、自由民権運動は、その〝原点〟たる資格を、十二分に備えていた。

そこから見えてくる新たな日本の近代史像は、〝現代の反ファシズム人民戦線〟ともいうべき「野党共闘と市民の〝連帯〟」という、今日の新たな日本の民主主義運動を担っていく上でも、必ずや大きな励ましを、私たちに与えてくれるであろうと考える。（完）

18（1885）天津条約。大阪事件。内閣制度。
19（1886）静岡事件。井上馨、鹿鳴館外交、外国人判事任用案。
20（1887）民権派による三大事件建白運動高揚。⟷保安条例。
21（1888）枢密院設置、欽定憲法を準備。
22（1889）大日本帝国憲法発布。
23（1890）第一回総選挙、民党圧勝。教育勅語発布。国会開設。
24（1891）大津事件、ロシア皇太子負傷。シベリア鉄道着工。
衆議院、軍艦建造費を大幅削減、解散を命じられる。
25（1892）第二回総選挙、政府の暴力的な大干渉あるも民党圧勝。
26（1893）衆議院、軍艦建造費否決、内閣弾劾上奏案可決。⟷
「建艦詔勅」、民党屈伏。日清戦争への軍艦建造費成立。
27（1894）朝鮮で東学党の乱、日清両軍朝鮮で対峙。
日英通商航海条約、領事裁判権撤廃。日清戦争、開戦。
28（1895）日清戦争に圧勝、下関条約。三国干渉。
29（1896）台湾総督府設置（植民地化）。
30（1897）金本位制実施（日清戦争の賠償金を充当）。
31（1898）憲政党結党、隈板内閣。憲政党分裂、隈板内閣崩壊。
山県有朋軍閥内閣成立。衆議院、地租増徴案を可決。
32（1899）文官任用令改悪、政党員を排斥。
33（1900）治安警察法、社会主義対策。軍部大臣現役武官制。
清で義和団の乱、日本軍が鎮圧の主力、「極東の憲兵」。
立憲政友会結党、伊藤博文を総裁に旧自由党系が合流。
⟷幸徳秋水、「自由党を祭る文」。
34（1901）社会民主党結党、幸徳秋水ら、最初の社会主義政党。
田中正造、足尾銅山鉱毒事件を明治天皇に直訴。

自由民権年表

6（1873）板垣退助・西郷隆盛ら征韓論敗れて下野。血税一揆。

7（1874）板垣、民撰議院設立建白書。土佐に立志社・立志学舎。

8（1875）愛国社創立。大阪会議。漸次立憲政体樹立の詔。⟷讒謗律・新聞紙条例。江華島事件。

9（1876）日朝修好条規。地租改正反対大一揆。

10（1877）地租を軽減。西郷、西南戦争。立志社建白書。

11（1878）三新法、府県会と公選戸長。竹橋事件。愛国社再興。

12（1879）愛国社、国会開設請願署名、31万人を集める。

13（1880）国会期成同盟（愛国社を改称）、国会開設上願書提出、憲法草案の各支部での作成決定。⟷集会条例。

14（1881）大隈重信、議院内閣制の建議書。ロシア皇帝の暗殺。明治十四年の政変。国会開設の詔。自由党結党。

15（1882）立憲改進党結党。酒屋会議。三島通庸、福島県令着任、会津三方道路建設強行。⟷福島自由党、国会開設期限短縮運動。⟷集会条例改悪。壬午事変。板垣洋行。会津自由党、権利恢復同盟訴訟運動。⟷喜多方事件。地方長官に軍備拡張の勅語。岩倉、府県会中止を上奏。

16（1883）高田事件。関東一帯で自由党募金・自由運動会が高揚。河野広中ら政府転覆の国事犯で有罪、『天福六家撰』。三島、栃木県令兼任。自由党臨時大会を急進派が主導。

17（1884）群馬事件。有一館開館。華族令。加波山事件「大運動」＝東京挙兵への「小運動」。自由党解党「連絡の暗通すること猶ほ前時に倍せり」。秩父事件「板垣公の世直し・革命の乱」。甲申事変。飯田事件。名古屋事件。

【参考文献】（順不同）

板垣退助監修『自由党史』（上・中・下）岩波文庫　一九一〇年
外崎光広『土佐の自由民権』高知市民図書館　一九八四年
三好　徹『板垣退助』学陽書房　一九九七年
高橋哲夫『三春町史・第三巻』福島県田村郡三春町　一九七五年
編纂会『河野磐州伝』刊行会　一九二三年
百周年記念委員会『竹橋事件の兵士たち』現代史出版会　一九七九年
赤城　弘・堀幸一郎『喜多方事件百年』実行委員会　一九八二年
稲葉誠太郎『加波山事件関係資料集』三一書房　一九七〇年
野島幾太郎『加波山事件』東洋文庫　一九〇〇年
関戸覚蔵『東陲民権史』明治文献　一九〇三年
田岡嶺雲『明治叛臣傳』青木文庫　一九〇八年
石川猶興『風雪の譜』崙書房　一九八一年
三浦　進・塚田昌宏『加波山事件研究』同時代社　一九八四年
高橋哲夫『加波山事件と青年群像』国書刊行会　一九八四年

服部之總『近代日本のなりたち』青木文庫　一九四八年
服部之總「自由党の誕生」（『著作集』第五巻所収）理論社　一九四八年
服部之總「明治維新における指導と同盟」（『著作集』第五巻所収）理論社　一九四九年
遠山茂樹『日本近代史Ⅰ』岩波全書　一九七五年
遠山茂樹「自由民権運動の歴史的意義」（『著作集』第三巻所収）岩波書店　一九八八年
遠山茂樹「福島・喜多方事件の歴史的意義」（『自由民権百年』第一〇号）一九八二年
遠山茂樹「集会条例と自由党解党」（『著作集』第三巻所収）岩波書店　一九八八年
井上幸治『秩父事件』中央公論社　一九六八年
大石嘉一郎『自由民権と大隈・松方財政』東京大学出版会　一九八九年
安在邦夫ほか『自由民権の再発見』日本経済評論社　二〇〇六年
金井隆典「自由民権と義民」（『自由民権の再発見』所収）
高島千代・田﨑公司ほか『自由民権〈激化〉の時代』日本経済評論社　二〇一四年
高島千代「減租請願運動と自由党・激化事件」（『自由民権〈激化〉の時代』所収）
後藤　靖「明治一七年の激化諸事件について」（『自由民権期の研究Ⅱ』所収）一九五七年
長谷川昇「明治一七年の自由党」（『歴史評論』）一九五四年

【参考文献・補足】

坂野潤治『明治デモクラシー』岩波新書　二〇〇五年
安在邦夫『自由民権運動史への招待』吉田書店　二〇一二年
大嶽浩良『下野の明治維新』下野新聞社　二〇一四年
佐藤　弘『郡内地方の自由民権運動』なまよみ出版　二〇一五年
黒沢正則『現政府ヲ転覆シ直ニ国会ヲ開ク革命ノ乱ナリ』文芸社　二〇二一年
黒沢正則『広域蜂起　秩父事件――群馬人が秩父を動かした・世界遺産「高山社」』まつやま書房　二〇二二年
赤城　弘『再起――自由民権・加波山事件志士原利八』コールサック社　二〇二二年

おわりに

この『新・明治の革命』では、服部之總氏や遠山茂樹先生の諸研究に学びながら、平野義太郎氏以来の自由民権運動研究の通説を「止揚」する、ジンテーゼの提出を目指した。自由民権運動の出発と高揚から、その終焉と社会主義運動への継承までの、筋の通った政治史が描けているかどうか。忌憚のないご批判をいただきたい。

この間、以下の方々に大変お世話になった。三春町歴史民俗資料館の平田禎文氏には、『天福六家撰』の田母野秀顕様肖像の『明治の革命』の表紙への掲載を、ご遺族の許可をいただくことから、メールで写真をお送りいただくことまで、心よくご承諾いただいた。朝日新聞社には、「建艦詔勅」掲載の一八九三年二月一一日「紀元節」の朝の『東京朝日新聞』一面を、わざわざ拡大コピーでお送りいただいた。『加波山事件研究』出版では、逓信博物館資料室で、明治時代の郵便事情について詳しくお話をうかがうことができた。ここに記して、心から感謝を申し上げたい。

最後に、同時代社の前社長　故川上徹氏、現社長の川上隆氏、栗原哲也氏の三氏には、大変お世話になった。付して、感謝の意を表したい。

二〇一八年七月一四日　　　　三浦　進

【著者略歴】
三浦　進（みうら・すすむ）
1948 年　東京に生まれる。
1972 年　横浜市立大学文理学部卒業。
1976 年　法政大学大学院社会学専攻修士課程修了。
1976 年　東京都立高校日本史教員。現在は退職。
主著　『加波山事件研究』（1984 年、同時代社）、塚田昌宏と共著。
『明治の革命―自由民権運動』（2012 年、同時代社）。
『明治の革命―自由民権運動』〔増補版〕（2017 年、同時代社）。

新・明治の革命――自由民権運動［第三版］

2018 年 7 月 14 日　初版第 1 刷発行
2020 年 7 月 14 日　第二版第 1 刷発行
2024 年 2 月 3 日　第三版第 1 刷発行

著　者　三浦　進
発行者　川上　隆
発行所　同時代社
〒 101-0065　東京都千代田区西神田 2-7-6
電話 03(3261)3149　FAX 03(3261)3237
装幀・組版　有限会社閏月社
印　刷　中央精版印刷株式会社

ISBN978-4-88683-960-2 C0021